VIVIR con MÚSICA

Notas de inspiración para la vida

DANIEL ABAD CASANOVA
FERNANDO BOTELLA

KOLIMA BOOKS

Título original: *Vivir con música*

Primera edición: Septiembre 2023
© 2023 Editorial Kolima, Madrid
www.editorialkolima.com

Autores: Daniel Abad Casanova y Fernando Botella
Dirección editorial: Marta Prieto Asirón
Maquetación de cubierta: Valeria Hernández
Maquetación: Mercedes Galán García

ISBN: 978-84-19495-67-9

«Sin música la vida sería un error».

Friedrich Nietzsche

*«La música ha acompañado toda nuestra vida,
y así será hasta la nota final».*

Autores

No siempre podemos elegir la música

que la vida nos pone,

pero si podemos elegir cómo la bailamos...

El director mediocre,

dirige la partitura.

El director promedio,

siente lo que dirige.

El buen director,

involucra a la orquesta.

El gran director,

hace todo lo anterior, y además,

es un maestro,

que **inspira** a los músicos.

Índice

Obertura

Tengo el honor de ejercer de telonero en este magnífico trabajo que el lector tiene en las manos, firmado a cuatro ídem por el director de orquesta Daniel Abad Casanova y el profesor Fernando Botella. En la obertura siempre late la emoción contenida del telón bajado, entre cuyos pliegues creemos advertir el relieve de la acción dramática que se desarrollará en unos minutos, anticipada por esa música sin imágenes que suena entonces, a modo de primera marcha metida en la orquesta.

¿Y qué vamos a encontrar a la vuelta de las páginas que me han sido reservadas en este volumen? Una originalísima reflexión por partida doble, o dos reflexiones tan complementarias como el negro sobre el blanco de las teclas de un piano o una partitura. La visión de dos personas que aman la música y la sienten desde quien vive para y por ella a quien la concibe como una parte indispensable de la existencia. *Vivir con música* es un libro escrito con la concisión de una sinfonía del clasicismo y estructurado a modo de *suite* en siete movimientos, cada uno correspondiente a una de las notas de la escala. Si bien la música se aborda desde el aspecto que *a priori* puede resultar más técnico, la admirable forma de ligarlo al componente humano y a cómo incide en nuestra personalidad y define las líneas maestras de la existencia convierte esta lectura en una experiencia tras la cual es imposible volver a escuchar la música como antes e incluso vivir la vida sin pararse a reflexionar sobre las cuestiones aquí expuestas. Vivimos una época en la que abundan los libros de autoayuda; este que tienes en tus manos no lo es, aunque el momento actual sí parece ser una señal evidente de que una buena parte de la humanidad se siente necesitada de estímulos vitales y fuerza para afrontar un día a día en el que todo es sometido a un furioso escrutinio por la sociedad, y así resulta extraño que haya tan pocos que reparen en la música como fuerza motora. *Vivir con música* no solo lo hace, sino que analiza de forma minuciosa sus más recónditos resortes para que el lector explore todas las acepciones posibles de la palabra armonía. El telón aún sigue bajado, pero en mi condición de obertura, con algunos motivos entremezclados que se escucharán después desarrollados de forma más amplia, les adelanto que podrán descubrir el poder de la melodía y la forma en que consigue que adecuemos nuestro pensamiento y acciones a ella; la importancia de los acentos; lo indispensable del ritmo en la acción colectiva; la necesidad del silencio para que la música cobre pleno sentido; o el concepto de la pirámide de la escucha y sus distintos estadios. Pero también nos enteraremos de que Beethoven no perdonaba que se tocase sin pasión, que Bernstein situaba en plano de igualdad su pasión por la música y las personas, o que el oficio de director de orquesta, según Riccardo Muti, es el más difícil del mundo.

La original manera en que los dos autores de este libro han cohesionado sus distintas visiones se ha estructurado según la forma de una sonata, siguiendo la combinación de dos temas, A y B, que no por casualidad corresponden a las iniciales de los apellidos de Daniel y Fernando, una clara señal de que esta obra tenía que ser escrita y difundida.

No debo extenderme más... La orquesta se ha detenido y el telón se eleva con la misma ligereza con la que lo han hecho las notas de los primeros compases de esta obra. Así que concluyo diciendo que en uno de los capítulos de este libro se reflexiona sobre el hecho de que el tiempo que pasamos en este mundo es limitado y debemos asegurarnos de disfrutarlo bien, empleándolo en aquellas actividades que nos llenen de veras. La lectura de *Vivir con música* es, sin duda, una de ellas.

Martín Llade
Periodista, locutor y
director de «Radio Clásica»

Introducción

La música y la vida tienen muchas cosas en común, solo que a veces no reparamos en ello. Al igual que en una composición musical, una vida necesita cierto equilibrio y armonía para poder ser vivida con plenitud. También precisa de un ritmo, más o menos intenso en función del momento vital por el que se transite, que marque la pauta de nuestros actos y decisiones. Y una cierta melodía, que podría ser equivalente a la personalidad, que nos ayude a conducirnos de una determinada manera y nos haga reconocibles ante los demás.

Además, en toda vida hay etapas, como si se tratara de los movimientos de una composición musical o los diferentes actos de una ópera. Etapas que se van relacionando unas con otras hasta conformar un todo coherente y armónico. Algunos de esos pasajes vitales serán más lentos *adagios* en los que parece que no sucede nada digno de mención, y otros se caracterizarán por periodos de gran agitación, *crescendos* en los que todo se nos vuelve del revés. En ocasiones seguiremos al pie de la letra las anotaciones consignadas en la partitura, y en otras prescindiremos de ella y daremos rienda suelta a nuestra creatividad, improvisando sobre la marcha y sin rumbo fijo.

Uno de los propósitos de este libro es precisamente poner el acento en aquellos aspectos de la música que son un reflejo de la vida y de los que podemos extraer enseñanzas que aporten valor a nuestro día a día. Y en esos fascinantes paralelismos que existen entre la música y la vida es importante apuntar que de las siete notas de las que consta el sistema de notación musical, hay tres que destacan por encima del resto: MI-LA-DO. Un acorde que resulta de gran ayuda para tomar las riendas de la propia existencia. Porque solo las cosas forman parte de uno mismo si sabemos que «caen de *MI LADO*».

Con este pequeño guiño, solo pretendo recordar la importancia de que toda la responsabilidad de las decisiones que tomamos recae en nosotros. Cada camino escogido y cada opción descartada, cada oportunidad aprovechada o desperdiciada, son producto de nuestra manera de afrontar esa partitura en blanco que tenemos por delante esperando ser escrita y a la que llamamos vida.

Así pues, llevar esa composición hasta su movimiento final depende por entero de nosotros. Pero ningún músico que se precie se atrevería a enfrentarse a una partitura sin estar adecuadamente preparado para ello. Hay presión, miedo escénico y el fantasma del fracaso nos sobrevuela como un pájaro de mal agüero. La música puede ofrecernos valiosas enseñanzas que aplicar a lo cotidiano.

Para nuestro público

¡**M**uchas gracias por adquirir tu entrada a este concierto-libro sobre el mensaje de la música!
¡Ocupa tu butaca!

De la misma manera que reconocemos y percibimos que la música está presente en todas las facetas y ámbitos de nuestra vida, hemos querido que todos los capítulos y apartados de este libro estén basados en ideas y conceptos musicales.

Así, al prólogo lo hemos llamado «Obertura», a modo de introducción de este maravilloso viaje musical entre la música y la palabra, como si de una ópera se tratara, donde el texto (mensaje), la escena (contexto) y la música discurren de manera conjunta.

Nos sentimos muy honrados de haber contado para nuestra obertura con Martín Llade, a quien admiramos mucho. Periodista, locutor, amante de la música y la literatura y, sobre todo, representa la pasión por la música (así nos lo hace sentir todas las mañanas desde «Radio Clásica» y otros muchos ámbitos).

Su manera de vivir y trasmitir la música está muy relacionada con las ideas que compartimos en el libro. Podríamos decir que es la voz que nos trasmite y contagia la belleza de la música clásica.

El libro discurre a modo de *Suite* en 7 movimientos y a cada cual le asignamos una nota, identificándola con un concepto musical:

Do ⟶ Armonía
Re ⟶ Melodía
Mi ⟶ Ritmo
Fa ⟶ Sintonía
Sol ⟶ Modo
La ⟶ Música y liderazgo
Si ⟶ Tema con variaciones

La exposición del primer movimiento de una sonata o sinfonía por lo general siempre plantea tres ideas reconocibles: dos temas contrastantes, que en nuestro caso son complementarios, y una idea final con carácter de síntesis conclusiva.

Siguiendo esta forma, cada uno de los capítulos constará de un Tema A (Abad), un Tema B (Botella) y unos *tips* conjuntos a modo de reflexión, a los que llamamos «fusión».

Tras los 7 capítulos correspondientes a las 7 notas y sus respectivos conceptos musicales, como epílogo incluimos una coda[1] a modo de conclusión y reflexión final conjunta.

Al apartado de agradecimientos personales lo hemos titulado «aplausos», de manera que somos nosotros los que desde este escenario de las palabras, queremos aplaudir a quienes nos han impulsado e inspirado a escribir de manera conjunta este libro que representa un maravilloso viaje compartido entre la música y la vida.

¡Un libro compuesto e interpretado a dúo!

---

1   Adición brillante al periodo fina de una pieza de música. Fuente: RAE.

La música de Daniel Abad Casanova

Como decía Leonard Bernstein, «amo ser director de orquesta porque en esta labor se combinan mis dos grandes pasiones, la música y las personas».

La música, desde siempre, me ha regalado emociones, sensaciones y sentimientos difíciles de explicar, y también me ha llenado de aprendizajes extrapolables a cualquier ámbito de la vida. La música es un punto de encuentro, un nexo de unión entre las personas, entre todas las culturas, nos hace viajar en el tiempo y, sin duda alguna, su práctica nos hace mejores, como individuos y como sociedad.

En la práctica orquestal ponemos nuestra interpretación al servicio del grupo... Toco, dirijo en función de lo que escucho. Nos adaptamos al contexto y nos unimos en la búsqueda de un bien o resultado común. La música nos ayuda a empatizar con el otro.

Cuando dirigimos o escuchamos una sinfonía disfrutamos cada instante, no únicamente cuando llegamos al acorde o nota final.

La música, a través de su interpretación, me ha ayudado a disfrutar del camino, no solo de la consecución de objetivos.

He disfrutado siempre desde el primer momento en el que empiezo a preparar un concierto: imaginar el programa, el porqué de esa música y no otra para un determinado concierto, el ritual de abrir por vez primera una partitura y adentrarte en el maravilloso mundo que nos presenta el compositor, o volver a estudiar una obra ya dirigida en la que siempre descubres aspectos nuevos, el primer día de ensayo, ver cómo vas aproximando el sonido que recibes a la idea interpretativa que tenías pensada, la magia del directo en la que ningún concierto es igual al anterior, la comunión con el público. Todo ello evidencia y me ha hecho sentir siempre que la música se disfruta mucho más cuando es compartida y que es mucho más enriquecedor compartir que competir.

He comprobado en múltiples ocasiones cómo la música tiene la capacidad de sacar lo mejor de nosotros mismos, de hacernos mejores personas, y siempre me ha gustado la imagen o visión de una orquesta sinfónica como modelo de sociedad, en la que enseño y aprendo del compañero, en la que todos los detalles importan, en la fuerza de la actitud, en que lo diferente enriquece y que su práctica estimula el empoderamiento individual y la integración social.

El arte de interpretar música nos complementa en el maravilloso camino de la interpretación de la vida. Veremos en diferentes apartados que la música está llena de melodías, ritmos, silencios, armonías. ¡Pero también la naturaleza y la vida!

Junto con mi amigo Fernando Botella, te invito a disfrutar de este maravilloso viaje musical.

La música de Fernando Botella

La música es, probablemente, el lenguaje humano más universal que existe. Un código sonoro estructurado alrededor de siete notas que, combinadas entre sí, adquieren infinitas manifestaciones. Una forma de expresión que nos eleva por encima del resto de seres vivos con los que compartimos planeta y que tiene la capacidad de transmitir emociones con una intensidad que de ninguna otra forma se puede alcanzar. Porque, más allá de lo consignado en una partitura o del fenómeno físico del sonido de un instrumento proyectándose con una determinada tonalidad o frecuencia por el aire, la música es pura emoción. Una explosión de sensaciones que penetra por los oídos, para estallar con toda su fuerza en el corazón.

Es precisamente esa capacidad de la música para impactar en nuestros sentimientos la que ha hecho que haya acompañado al ser humano a lo largo de toda su historia. La música está presente en gran parte de nuestras andanzas por la existencia. Resuena con alegría en ocasiones especiales y celebraciones, marca el ritmo en momentos de máxima excitación, sirve de consuelo en instantes de soledad y tristeza, aporta calma en situaciones de tensión y une a individuos en torno una identidad y propósito compartidos. La música es la manifestación física, compuesta de ritmo, armonía y melodía, que actúa sobre un fenómeno químico cerebral: el estado de ánimo. Tiene la capacidad de «sintonizarnos» de una determinada manera y en una determinada frecuencia, y de modular la manera en la que nos relacionamos con el mundo, con las otras personas y con nosotros mismos. Es un diapasón que marca el *tempo* de nuestro paso por la vida.

El mensaje de la música es tan poderoso, hermoso y elocuente que trasciende épocas y fronteras. Un traductor de emociones que simplifica las cosas y ayuda al entendimiento entre personas muy distintas entre sí. Cualquier tipo de música, desde la más culta y refinada hasta la más popular y tosca, tiene esa capacidad para conectar a las personas. Y, además, no hace falta ser músico profesional ni poseer nociones musicales para caer bajo su influjo. Ni siquiera es imprescindible que te guste especialmente lo que en ese momento estés escuchando.

El músico y divulgador Ramón Gener distingue cuatro niveles de aproximación a la música: emocional, argumental, simbólico y, finalmente, técnico. Un músico profesional llegaría hasta el cuarto nivel. Pero al primer nivel puede llegar cualquier persona. Todos, desde un recién nacido hasta un reputado director de orquesta, somos capaces de captar su mensaje y conmovernos con su fuerza. Por esta razón, se dice que la música es el lenguaje más universal.

«Tips» musicales para no músicos

A todos nos gusta pensar que nacemos con unos determinados talentos innatos, una especie de *superpoderes* que nos abrirán la puerta a nuestros sueños o que, por el contrario, simplemente nos los negarán si la naturaleza decide no regalárnoslos. Pero el talento no funciona así. Es cierto que cada cual trae de serie una serie de habilidades innatas que lo predisponen en una determinada dirección. Pero eso no es más que la baza inicial, las cartas que se reparten para empezar a jugar. A partir de ahí, la partida puede evolucionar en múltiples direcciones. Esos niveles de habilidad no son inamovibles y es responsabilidad de cada cual hacer evolucionar su propio talento, descubriéndolo, cultivándolo y completándolo con nuevos aprendizajes. Un músico no nace virtuoso; se hace virtuoso a través de años de estudio y de perfeccionar su técnica con la práctica.

Eso sí, como sucede en la vida, el camino del músico no es sencillo. Su travesía estará llena de obstáculos, sinsabores y momentos de desánimo. En múltiples ocasiones, tras pasarse horas ensayando con su instrumento se preguntará si tanto esfuerzo vale la pena y estará tentado a tirar la toalla. Y también en los instantes de triunfo sentirá una especie de sensación de invencibilidad que le puede alejar de la realidad. En todas esas circunstancias es fundamental mantener los pies en el suelo para no dejarse arrastrar por las emociones negativas. De nuevo, resulta muy importante recordar ese acorde talismán, MI-LA-DO, para no sucumbir a la tentación de echarle la culpa de nuestros actos a circunstancias o personas ajenos a nosotros.

Por último, mantener una actitud positiva ante la vida es importante, pero no suficiente para conseguir nuestros objetivos.

Queda un paso capital: convertir todo ese auto-conocimiento, todo ese aprendizaje con el que hemos modelado nuestro talento y esa actitud positiva hacia lo que pueda venir en acción. La vida no se vive encerrados permanentemente en un local de ensayo; en algún momento hay que salir a tocar en la calle, a un auditorio, a una sala de conciertos. Hay que coger el instrumento y simplemente tocar.

La vida va de eso, de tocar. De atrevernos. De dar el paso desde el saber al hacer.

En música la obertura es la parte inicial de una obra, una composición independiente que sirve para introducir el tema y el cuerpo principal de un concierto o una ópera. Un preámbulo que sitúa al público en el tono adecuado para la representación.

Hasta aquí la introducción de este libro que tienes ahora mismo entre las manos. Porque este libro no es un libro que solo se lee: es un libro que también se escucha. Por esa razón te aconsejo abordar su lectura con una buena música de fondo. La que a ti te guste más o te resulte más inspiradora.

Al fin y al cabo, el objetivo de esta aventura que iniciamos es que puedas sumergirte en el apasionante universo de la música y extraigas de él enseñanzas interesantes y valiosas para la vida.

¡Que suene la música!

Vivir con música

Suite en 7 movimientos

7 notas de inspiración

1. Algunos esperan que salga el sol.
Otros bailan bajo la lluvia.

2. De todos los caminos aprenderás algo,
salvo de uno: del que nunca has cogido.

3. Si quieres que otros vean, sé luz,
no sombra, ni oscuridad.

4. La vida es como un espejo;
si le regalas una sonrisa te la devuelve.

5. Es más fácil invertir una vida culpando fuera
que invertir un segundo mirándonos dentro.
Pero no es de valientes, ni de responsables.

6. Mil días apuntado al gimnasio
valen menos que un segundo haciendo ejercicio.

7. Se consigue más con un gramo de amor
que con toneladas de rabia y odio.

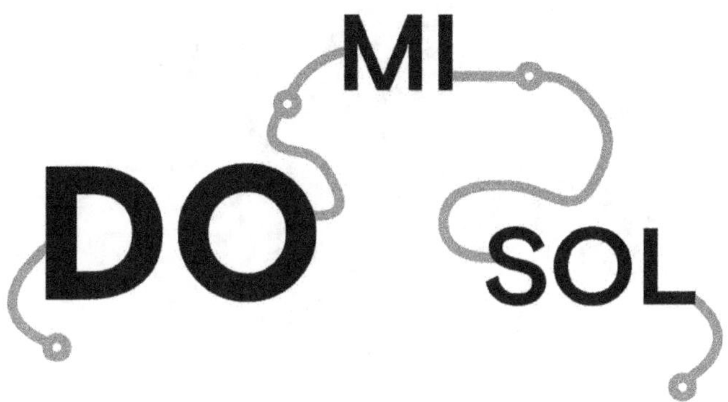

ARMONÌA

Tema A

Pitágoras (569 a. C-475 a. C.) ya presumía que el movimiento de los cuerpos celestes emitía sonidos, como sucede con el movimiento de los cuerpos en la Tierra. De este modo, afirmó que existe cierta correspondencia entre los intervalos acústicos y las distancias que separan a los planetas, de modo tal que entre cada uno habría un tono, semitono o un tono y medio, siendo que los tonos producidos por los astros dependen de las proporciones aritméticas de sus órbitas alrededor de la Tierra. Pitágoras argumentó que, si el Cosmos es el conjunto de todas las cosas debido a su orden dinámico, entonces el Universo está en movimiento y es el movimiento de los astros y las fuerzas que los mueven el que se ajusta para que la Luna, el Sol, los planetas y las estrellas produzcan una perfecta armonía y generen una melodía constante conocida como «la música de las esferas».

Para Pitágoras, las matemáticas y la música se unían en el concepto de *harmonia*, que significaba, en primer lugar, proporción de las partes de un todo. Él fue el primero en llamar Cosmos al conjunto de todas las cosas, debido al orden (equilibrio, armonía) que existe en este.

Mientras tanto, en China, Confucio (551 a. C.-479 a. C.) incluía la música entre las seis artes nobles y le asignaba la capacidad de desarrollar la sensibilidad y el autocontrol, ambos necesarios para restablecer la armonía del ser humano con el Universo.

Armonía o harmonía proviene del latín *harmonia*, que deriva del griego ἁρμονία, que significa acuerdo, concordancia, combinación, y del verbo ἁρμόζω (*harmozo*), que significa ajustarse, conectarse. La armonía ocurre cuando existen un equilibrio y una conveniente y adecuada proporción y correspondencia de unas cosas con otras, y en su caso, agradable a los sentidos. Algo en armonía generalmente es algo bello, alegre, agradable, relajante y sosegado, aunque en música, por ejemplo, también nos sirve para crear ambientes de tensión y disonancias.

Actualmente se denomina armonía a la ciencia, técnica y disciplina que permite tanto la formación, la sucesión y la modulación de los acordes (combinación de dos o más notas diferentes que suenan simultáneamente o en un arpegio), como el encadenamiento y la combinación de estos. De modo general, la armonía funciona como acompañamiento, armazón y base de una o más melodías. Según la intención con la que utilicemos la armonía en el discurso compositivo conseguiremos transmitir sensaciones de relajación y reposo o de tensión y desasosiego, y la podemos ver representada de manera vertical (a través de los acordes) u horizontal (a través de las diferentes líneas contrapuntísticas de la obra).

La expresión «tener armonía con» o «vivir en perfecta armonía» puede significar tener un acuerdo, una buena amistad o afinidad, una relación de paz, una buena comunicación, correspondencia o compatibilidad de opinión y de acción con alguien o con un grupo.

La armonía nos transmite en la vida la capacidad de convertir lo sencillo en extraordinario.

Pongamos para entender esto un ejemplo musical:

Imaginemos que tocamos con la mano derecha en un piano muchas veces repetida la nota do. Nada nos parecería más monótono y aburrido que este ejercicio. Sin embargo, vamos a volver a tocar esa nota do repetidamente pero ahora con la mano izquierda la acompañaremos con una progresión de acordes que la «enriquezca», por ejemplo: *do M-la m-fa M-re m 7-fa M-sol M 7-lab M-sib M y do M.*

Nuestro día a día está lleno de momentos cotidianos o que repetimos de manera muy regular (hacer la compra, coger el autobús, llevar a nuestros hijos al colegio, hacer la comida, regar las plantas...), y dependerá de nuestra «armonía» o actitud a la hora de realizarlos el que estos momentos cotidianos se nos presenten de un modo más enriquecedor e interesante.

Como audición del lector recomendamos escuchar el famoso *standard* de jazz de Antonio Carlos «Tom» Jobim, *One note samba (Samba de una sola nota)*.

En la progresión de acordes citada observamos que la nota «Do» es una nota real (forma parte del acorde), excepto en sol M 7 y si*b* M, sin embargo, cuando hacemos sonar esta nota con el acorde (al que no pertenece) tiene un color y un sonido especial. Esta «disonancia» en la armonía nos hace ver que lo diferente enriquece, que no hay que percibir lo diferente como una amenaza, sino como una oportunidad de aprendizaje, de enriquecimiento mutuo, personal y cultural. Nos enseña también a lograr sinergias valorando la diversidad y que muchas veces las mejores ideas surgen a través de una escucha activa desde la diferencia con los demás.

La misma progresión de acordes citada se puede ir tocando uno tras otro o se pueden ir encadenando a través de notas de paso, lo que hará todavía más llamativo e interesante este pasaje musical (por ejemplo, para ir de do M a la m pasaremos por la nota si; para pasar de la m a fa M pasaremos por la nota sol, etc. Porque son notas, podríamos decir, que están en el camino. Así pues, estas notas de paso nos enseñan a dejar una huella positiva a través de nuestras actitudes y armonía por donde pasamos, pero también, y muy importante, a disfrutar del viaje, disfrutar del camino.

Muchas veces nos centramos únicamente en el objetivo que queremos conseguir, en la meta, y se nos olvida disfrutar de todo el proceso que desarrollamos hasta llegar a ese objetivo.

O, como decía John Lennon, «La vida es aquello que pasa mientras hacemos otros planes»

Mario Benedetti, en su poema *Te quiero* dice:

Si te quiero es porque sos
mi amor, mi cómplice y todo
y en la calle codo a codo
somos mucho más que dos...

Con las notas musicales, cuando se juntan en armonía ocurre los mismo: una más una son mucho más que dos, pues, como comenta el profesor López Quintás, entre ellas se produce una función de relación; no solo se suman, sino que se integran. Cuando dos voces o más cantan en diferentes alturas formando armonías cada cual canta en función de lo que escucha de la otra, de su velocidad (*tempo*), de sus matices, de su dinámica, etc., integrándose.

Además, cada nota musical genera una serie de armónicos. Es decir, que cuando escuchamos un sonido producido por un instrumento musical estamos en realidad escuchando una multiplicidad de sonidos que forman su serie armónica, y el timbre de un instrumento también está determinado por el grado de consonancia de ciertos armónicos. Sin entrar al detalle en cuestiones físicas del sonido, sí me gustaría resaltar por ejemplo que gracias a los armónicos de una nota, una cuerda al vibrar produce la vibración de otras cuerdas por «simpatía». Qué bueno es hacer vibrar a otra persona

¡por simpatía! Así pues, nuestra armonía y nuestras actitudes, al igual que los cuerpos sonoros, también harán vibrar a otras personas.

Como ejemplo de una nota continuada, en muchas ocasiones utilizamos una nota pedal, que es el sonido prolongado de una nota sobre la cual se suceden diferentes armonías y melodías. En las composiciones, el pedal más habitual tiene lugar en el registro grave, aunque puede darse en otros registros. Habitualmente, el pedal es producido por la nota tónica o una quinta de la tonalidad en la que se está desarrollando el pedal, aunque en algunas ocasiones se puede realizar con otros intervalos.

Un pedal suele empezar con una armonía consonante en relación consigo mismo, por lo que el primer acorde suele contener la nota pedal, progresa hacia armonías menos consonantes con él y finaliza sobre una armonía totalmente consonante.

En la música clásica del subcontinente indio se utiliza el pedal (en inglés, *drone*) como base durante el desarrollo de una actuación musical, y algunos de los instrumentos habituales de esta función son la *tanpura*, el *surpeti* o el *shruti box*, o la variante electrónica de este último.

Una de las técnicas armónicas que prácticamente todo el mundo ha cantado alguna vez, sea profesional de la música o no, es el canon. El canon es una pieza o sección de una composición musical de carácter contrapuntístico basada en la imitación entre dos o más voces separadas por un intervalo temporal. Una parte vocal o instrumental interpreta una melodía y unos compases (o tiempos), y más tarde una segunda voz repite esa misma melodía de manera exacta o bien modificando su tonalidad u otros aspectos. En este proceso pueden participar más voces. A la primera voz se le llama *dux*, propuesta o antecedente, y a cada una de las voces que la siguen se les llama *comes*, respuesta o consecuente.

En nuestra conferencia-concierto compartimos un momento muy divertido con todo el público en el que les hacemos cantar un sencillo canon a tres voces.

Separamos al auditorio en tres secciones y cada sección debe ir cantando en intervalos de tiempo diferentes.

Al cantar juntos en canon y cada sección entrando en su momento correspondiente descubrimos la importancia que tiene lo que nosotros hacemos (cantamos) en el resultado general del grupo. Cantamos en función de lo que escuchamos, nuestras líneas melódicas van creando perfectas armonías, se produce esa «relación» entre las notas y las melodías, nos integramos en un todo y percibimos que uno más uno es mucho más que dos.

Tema B

¡Qué importante es la armonía! En la música... y en la vida.

Porque si falta, tanto si nos referimos a una composición musical como a una experiencia vital, la partitura se queda desprovista de equilibrio. Y cuando hay ausencia de equilibrio, lo que impera es el caos.

¡Cuidado! Eso no quiere decir que el caos sea necesariamente malo. Siempre que se administre en pequeñas dosis, introducir un cierto grado de anarquía en cualquiera de las actividades en las que estamos inmersos los seres humanos puede ser una buena manera de revitalizarlas y ayudarnos a encontrar una nueva salida a un camino que parecía entrar en vía muerta, una mirada a la realidad. Saltarse lo establecido, ser deliberadamente discordante o laxo en el cumplimiento de las normas para explorar opciones fuera de un programa previamente determinado es una excelente manera de encontrar nuevas maneras de conexión con el mundo.

Pero esas licencias para pasar de «A» a «C» sin hacer parada en «B» tienen un límite. Solo se pueden tomar de vez en cuando. En general necesitamos aportar equilibrio a nuestra vida; saber que la mayor parte del tiempo, el suelo no se va a mover bajo nuestros pies. Al menos no de una forma dramática. Porque esa relativa seguridad de poder anticipar que tras la noche volverá a llegar el día es la que nos permitirá desenvolvernos por el mundo con relativa coherencia y llevar una vida razonablemente plena y satisfactoria. En música le llamarían «notas de paso».

Y ahí es donde coge su principal papel la armonía. En una de sus acepciones, el diccionario define «armonía» como «el equilibrio de las proporciones entre las distintas partes de un todo». En cualquier experiencia sensorial, como podría ser la exposición a una obra de arte, el resultado de esa relación armónica entre distintos componentes es percibida por el espectador de una forma placentera. Es decir, el equilibrio transmite esa cualidad abstracta y subjetiva a la que llamamos «belleza».

Trasladado a los dominios de la música, la armonía es la disciplina que estudia las combinaciones de notas con las que se construyen los diferentes acordes, las progresiones de los mismos y sus conexiones para conformar una melodía. Y esa proporción, esa casi certeza de saber que tras un determinado acorde que se ha venido escuchando con cierta recurrencia y en diversas variaciones a lo largo de la pieza la melodía volverá a transitar por esos mismos territorios reconocibles y hasta cierto punto predecibles que anuncia una composición armónica, le brinda a quien escucha serenidad y paz.

En nuestra vida también necesitamos ese tipo de paz. Estar en armonía con uno mismo, con los demás y con el entorno quiere decir que tenemos esos puntos relevantes de nuestra existencia situados en el lugar que les corresponde.

O al menos en el que nosotros pensamos que deberían ocupar, aunque sea temporalmente.

Como en la música, la armonía vital está muy relacionada con el concepto de conexión. Al igual que las notas entablan relaciones dinámicas con otras notas para crear acordes que suenen armónicos y elevarse por encima de su identidad individual, las personas interaccionamos con otras personas de nuestro entorno y construimos con ellas relaciones que pueden ser armoniosas o no. Relaciones con la familia, los amigos, los compañeros de trabajo o los vecinos que ayudan a construir la sinfonía de sus vidas. Las personas somos notas musicales alternando protagonismo con nuestro círculo de conocidos dentro de un acorde.

Hay una derivada biológica en estas conexiones. Y es que para que las relaciones entre dos mentes interactuando entre sí sean armónicas debe darse lo que en neuroquímica se denomina resonancia límbica o resonancia de empatía. Según esta teoría, expuesta por primera vez en el año 2000 por los profesores de la Universidad de California, Thomas Lewis, Fari Amini y Richard Lannon, en su libro *A General Theory of Love*, el ser humano tiene la facultad de compartir estados emocionales profundos con otras personas con las que establece contacto. Esa capacidad que, entre otros mecanismos neuronales, pone en funcionamiento la dopamina u hormona del placer y dispara el reconocimiento empático de la persona que tenemos ante nosotros, reside en el sistema límbico del cerebro.

De la misma forma que la sucesión armónica de un grupo de notas integradas en un acorde produce una resonancia que reverbera en el aire, dos mentes que conectan por medio de la resonancia límbica crean una especie de entidad superior colectiva que eleva los niveles de armonía. Como dos ordenadores conectados a través de una misma red Wi-Fi, la resonancia límbica afina en un mismo acorde a dos o más personas para que sus vidas suenen de modo armonioso.

Ese equilibrio de proporciones es lo que nos permite vivir en el día a día con una disposición de ánimo en dosis adecuadas, y también para enfrentarnos a todo tipo de vicisitudes por complejas que sean. Una paz y una serenidad que no deben confundirse con una actitud meliflua o de indiferencia ante las dificultades. Más bien es el tipo de paz que precede a la tormenta. Alcanzar esa clase de equilibrio nos libera de distracciones, nos dispensa de ser secuestrados por nuestras emociones y nos permite poner los cinco sentidos en resolver la situación que tenemos ante nosotros.

Y es que una mente en armonía no solo es una mente serena y equilibrada; es una mente lista para la acción. Las leonas se pasan buena parte del día durmiendo plácidamente a la sombra de una higuera. Pero cuando llega el momento de salir a cazar no hay animal más eficaz ni mortífero. Del mismo modo, el equilibrio que trae la armonía convierte a nuestra mente en un instrumento perfectamente engrasado y listo para afrontar cualquier desafío que se nos ponga por delante con las mejores garantías.

La armonía es también el mejor antídoto contra ese tipo de situaciones en el que las emociones expulsan de la sala de control a la razón y toman el mando: el «secuestro amigdalino».

El «secuestro amigdalino», término acuñado por Daniel Coleman en su *bestseller* de 1996 *Inteligencia Emocional*, es el fenómeno por el cual nos vemos totalmente sobrepasados por las emociones. Cerebralmente lo que sucede es que uno de los órganos del cerebro, la amígdala, una especie de archivo emocional encargado de clasificar los acontecimientos en función de la emoción que provocan, consigue anular al neocórtex, responsable de nuestro cerebro racional. Como si de un golpe de Estado se tratara, una vez tomado el control del cerebro, la amígdala despliega sus fuerzas para asegurarse de que el resto del cuerpo obedece sus dictados. Para ello, activa el eje HPA (hipotalámico-pituitario-adrenal) o conjunto de mecanismos de defensa de que dispone el organismo frente a amenazas externas. Es ese estado de alerta-reacción el que ha permitido al ser humano, entre otras cosas, prevalecer a pesar de que físicamente no somos una especie especialmente dotada para la supervivencia. Sabemos que el eje HPA ha sido activado por una serie de respuestas fisiológicas. Nuestra respiración se vuelve agitada, se incrementa nuestro ritmo cardíaco y se tensan nuestros músculos.

El secuestro emocional se manifiesta de diferentes formas en función del tipo de emoción dominante. Son esos momentos en los que el miedo hace que nos sintamos bloqueados e incapaces de articular palabra. O tan apesadumbrados que no somos capaces de contener el llanto. O tan dolidos que solo salen de nuestra boca palabras hirientes. O tan furiosos que gritamos, insultamos... y hasta agredimos al objeto de nuestra ira.

No hace falta que se produzca una gran hecatombe para provocar un «secuestro amigdalino». A veces, una pequeña chispa basta para desencadenarlo. La amígdala va haciendo un recuento de situaciones pasadas que nos provocaron una fuerte respuesta emocional, hasta que llega la que sencillamente colma el vaso y todo explota. ¿Has visto alguna vez a alguien dar una respuesta desmedida ante un estímulo que en apariencia era insignificante? Puede que tú mismo. La explicación es que esa persona estaba sufriendo un «secuestro amigdalino».

La armonía es el antídoto que nos protege de ese tipo de incidentes. Porque el equilibrio está en las antípodas del caos que provocan las emociones descontroladas. No quiero decir con ello que haya que anular ni amordazar las emociones; todo lo contrario. Muchos de los grandes problemas que sufrimos los seres humanos proceden precisamente de reprimir lo que sentimos.

La armonía nos proporciona las herramientas para canalizar y expresar esas emociones de la manera adecuada y en su justa medida.

Nos ayuda a que razón y emoción hagan las paces, formen equipo y tomen juntos las decisiones que han de marcar nuestra vida.

Así pues, una mente armoniosa es una mente saludable en la que razón y emoción conviven en equilibrio. Lograr ese estado mental implica hacer un ejercicio previo de limpieza interna. Es como cuando nos ponemos a hurgar en los armarios de casa y empezamos a descubrir un montón de prendas que ya no nos ponemos o de cosas que ya no usamos, y nos sentimos muy bien cuando las donamos a una ONG para que alguien a quien le hagan falta las pueda aprovechar, las ponemos a la venta en Wallapop o, si estaban ya rotas o muy desgastadas, las tiramos a la basura.

En la mente también hay un montón de cosas viejas, usadas o inservibles que no nos aportan nada y de las que conviene deshacerse para sentirnos mejor, para entrar en un estado de armonía con nosotros mismos. Son pensamientos negativos con los que nos empeñamos en interpretar la realidad y con los que teñimos de negro todos los estímulos que llegan a nuestra mente.

Uno de los pensamientos negativos más comunes son las predicciones negativas acerca del futuro. Es imposible predecir el futuro. Sin embargo, nuestro cerebro, cenizo y defensivo por naturaleza, nos lleva a veces a anticipar que, sea lo que sea lo que nos depare, no será bueno. Y para argumentar su tesis se encargará de recordarnos todas las situaciones del pasado nos salieron mal, y tapará, deliberada y torticeramente, las que nos salieron bien.

No debemos permitir que la incertidumbre por el futuro nos paralice, que el miedo –que es una emoción natural y necesaria para la supervivencia– se convierta en temor o miedo tóxico, ese esbirro de la amígdala que nos conduce al bloqueo. ¿Que el futuro puede traernos situaciones no deseadas? ¡Claro! Y deseadas también. Lo importante es que, sea lo que sea lo que salga por la puerta del provenir, estemos en las mejores condiciones mentales para afrontarlo. Y eso nunca lo lograremos desde el temor.

Otro elemento mental que actúa como freno y dispara las posibilidades de que suframos un secuestro emocional es la «rumiación» mental, esa muy dañina tendencia humana a darle vueltas y más vueltas a algo que ya está en el pasado, que no puede cambiarse o no nos aporta ningún valor.

Son esos pensamientos y recuerdos en los que quedamos atrapados y que nos impiden evolucionar, mirar hacia el futuro. La masticación repetitiva de esos archivos mentales es como las arenas movedizas que sorprenden a los exploradores y en las que quedan atrapados, hundiéndose poco a poco en ellas. Una fórmula eficaz para escapar de esa trampa es la acción. Y es que ponerse en movimiento hacia un objetivo y comprometerse con su consecución es esa liana a la que conseguimos agarrarnos en el último instante, justo antes de terminar de hundirnos en el fango.

Además de evitar las trampas del pensamiento, existen otros elementos que pueden ayudarnos a alcanzar la armonía. Son aceleradores de la misma, potenciadores que facilitan su llegada. Uno de ellos es el «optimalismo» (me refiero más extensamente a este concepto y a sus diferencias con el optimismo y el pesimismo en el capítulo dedicado al «Modo»). Básicamente, practicar el «optimalismo» consiste en contemplar la realidad con una mirada positiva y aceptando el hecho de que no podemos tenerlo todo bajo control. Asumiendo incluso que hay cosas que pueden salir mal y que no vamos a poder modificar porque quedan fuera de nuestro alcance.

En lugar de quedar atrapados en eso que no se puede cambiar, el «optimalista» centra sus esfuerzos en trabajar esos elementos que sí está en nuestra mano alterar y trata de actuar sobre ellos con una actitud de «Sí, se puede». Mira a la realidad de frente. No se autoengaña diciéndose que todo saldrá bien al final, como haría un optimista necio; ni es derrotista, como haría un pesimista, sino que se pone manos a la obra para cambiar aquellas parcelas de su presente sobre las que sí puede influir para comenzar a construir así su futuro. El «optimalista» le echa valor a la vida. Se trata de cambiar el «porque no» por «¿por qué no?»

La vida «optimalista» está muy relacionada con el concepto del buen vivir. Conviene aclarar que cuando hablo de buen vivir no me estoy refiriendo a una concepción hedonista, sino a una vida plena y equilibrada, en la que todo tiene sus tiempos y sus altos y bajos. Los amigos, la familia, el trabajo, el ocio, las alegrías, las penas, las sonrisas, las lágrimas... En resumidas cuentas, una vida armónica.

Regalos para vivir una vida más armónica

Para terminar, te ofrezco cuatro regalos que te ayudarán a llevar una vida más armónica:

1. **Regálate tiempo para ti.** En este libro se habla mucho acerca de la tiranía del tiempo y de cómo muchas veces lo malgastamos en quehaceres que no son importantes, algo que nos genera estrés, ansiedad y que trae muy poca armonía a nuestra vida. Pero incluso cuando empleamos el tiempo en cosas importantes, como ayudar a los demás o tratar de hacer del mundo un lugar más agradable para todos, hay una parcela de nuestra vida a la que solemos escatimárselo, y no deberíamos hacerlo. Se trata de nosotros mismos. Y es que a la hora de repartir esas 24 horas de las que dispone el día, con frecuencia nuestro nombre figura al final de la lista... ¡Si es que figura en absoluto! Es fundamental regalarse tiempo a uno mismo para disfrutar de las cosas que te gustan, te entretienen o enriquecen. Porque si no somos un poco generosos con nosotros mismos, difícilmente lo seremos con los demás.

2. **Comparte paz.** Una persona que vive en armonía irradia armonía hacia los demás. Y lo mejor de todo es que lo hace sin esfuerzo alguno. De las personas que viven en ese estado de equilibrio y serenidad emana una energía especial, una paz interior que se contagia. Es una fuerza invisible a simple vista, pero que nosotros podemos hacer más tangible ante los demás con un simple gesto. Una sonrisa, un abrazo o una llamada a un amigo al que hace tiempo que no vemos son los mejores embajadores de la armonía.

3. **Aprende a auto-controlar tu mente.** Lo creas o no, tu mente no es de fiar. Sigue su propia agenda, que viene marcada por la supervivencia, y en ocasiones no dudará en engañarte para lograr sus objetivos, muy a menudo a costa de tu propio bienestar. Es como esos padres ultra-protectores a los que el psicólogo Javier Urra denomina «padres helicóptero», que acuden al rescate de sus hijos a la primera dificultad, impidiendo así que aprendan a valerse por sí mismos. Nuestra mente también es excesivamente protectora y en su afán por protegernos nos tiende trampas que debemos aprender a sortear. En mi libro *¿Cómo entrenar la mente? Y aprender de forma exponencial* enseño las diferentes técnicas que existen para asegurarnos de que la mente trabaja para nosotros y que no somos nosotros quienes estamos a su servicio.

4. **Haz tu vida más simple.** No podemos evitarlo: nos empeñamos en complicarnos la vida innecesariamente y con frecuencia queremos abarcar mucho más de lo que nuestra capacidad nos permite. Por miedo a ser consideraos conformistas, porque pensamos que tenemos algo que demostrar, por una equivocada concepción de la ambición... Y ese ansia por estar en todas las salsas solo conduce a la frustración. Debemos aprender a distinguir lo accesorio de lo verdaderamente importante, que en realidad son muy pocas cosas en la vida: nuestros seres queridos, la oportunidad de crecer, un cierto sentido de propósito... Y el placer de disfrutar de las cosas más sencillas y cotidianas, como tomarse un café con un amigo o leer un buen libro. Y en esas cosas, en las importantes, es en las que debemos situar el foco.

Fusión armónica

🎼 Vivir una vida armónica nos ayudará a convertir todo lo sencillo y cotidiano en extraordinario.

🎼 Vivir una vida armónica nos permite simplificar lo complejo. La vida es simple, nosotros la complicamos.

🎼 El «optimalismo» es la capacidad armónica de entendernos con la realidad, con sus circunstancias, a la vez que nos planteamos con una mirada positiva qué podemos hacer con lo que nos pasa.

🎼 La armonía hace que podamos relacionarnos de una forma más asertiva, que «vibremos por simpatía». También es un catalizador de la empatía emocional.

🎼 La armonía es equilibrio vital, y quizás en esto radica el secreto de la felicidad.

RE
MELODİA

Tema A

La melodía es una sucesión de notas que avanzan en el tiempo con un significado y sentido musical.

Este vocablo llegó al español proveniente del bajo latín *melodia*. Este término latino a su vez provenía del griego μελωδια (*melōidía*), que significaba «canto coral» y era una palabra compuesta de μέλος (*melos*), que significa «canción, tonada, música, miembro de una tonada, parte de un grupo», y ἀοιδή (*aoidé*), que quiere decir «canto, canción».

Una melodía es una sucesión de sonidos que es percibida como una sola entidad. Se desenvuelve en una secuencia lineal, es decir, a lo largo del tiempo, y tiene una identidad y un significado propio dentro de un entorno sonoro particular.

Las melodías suelen estar formadas por incisos, motivos, frases, periodos, temas... y generalmente se repiten a lo largo de una obra musical de diversas formas. Estas repeticiones de la melodía los compositores de todos los estilos las suelen presentar cada vez de maneras diferentes: a mitad de *tempo*, doble de *tempo*, apoyadas o sustentadas por otras armonías, con variaciones, en otra tonalidad o modalidad...

Así pues, la melodia, en la música y la vida, nos enseña a reinventarnos, a hacer y presentar las cosas de maneras diferentes, siempre de una manera nueva, innovadora e inspiradora.

La melodía se puede presentar como una canción, una larga línea melódica, una línea de bajo, una voz interior, etc. Los directores, cuando dirigimos, entre otras muchas cosas vamos entresacando la melodía de los diferentes planos en que se nos presenta. A veces se muestra en un primer plano con instrumentos de cuerda como violines primeros o segundos, viento madera; a veces se presentan en un registro medio, y otras son los instrumentos graves los que la presentan y nosotros debemos hacerla destacar. Incluso cuando en una obra sinfónica hay una repetición exacta de la melodía es bueno dirigirla de una manera diferente por segunda vez a través de diferentes gestos técnicos y actitudinales que la realcen y la pongan de relieve de nuevo.

Hay una frase que dice que «no hay una segunda oportunidad para causar una primera buena impresión» que me invita a comentaros que en una obra musical, cuando aparece por primera vez la melodía principal debemos presentarla con toda la intención, importancia y relieve que requiere para que después sea fácilmente reconocible a través de sus diferentes repeticiones y variaciones.

Podríamos decir que la melodía nos invita a cantar y el ritmo a bailar. Pero la melodía generalmente está completa en sí misma, es decir, tiene un comienzo, una parte intermedia y un final, tensión y relajación, antecedente y consecuente.

Junto al talento y la inspiración compositiva del autor, la repetición exacta o variada de una melodía atractiva y sugerente es lo que generalmente hace que se quede en nuestra memoria y nos guste más.

La música sinfónica, una vez presentada la melodía, suele tener su desarrollo y observamos cómo una primera idea va creciendo y se va transformando, al igual que nosotros en nuestra vida y que el desarrollo y la evolución de nuestras ideas en nuestras empresas o trabajos.

Decía Igor Stravinsky que «la música, además de oírse también se ve». Así como la melodía es la parte más «visible», más «reconocible», la armonía es lo que la sostiene, los pilares. Podríamos hacer un símil en nuestra vida con nuestra imagen, aquello que proyectamos, y nuestros valores, nuestro equilibrio. Y es maravilloso, en el ámbito personal y musical, cuando ambos conceptos van en concordancia.

Esto es algo que trabajo mucho con las orquestas sinfónicas: por un lado, es tan importante lo que se consigue en cuanto a objetivo musical, de representación artística, como el cómo se consigue. Más allá de nuestra sonoridad como grupo, en la interpretación es igualmente importante nuestra actitud ante la misma. Nuestra actitud postural y la pasión y entrega mostradas en el concierto, sea cual sea nuestro papel en la interpretación (aunque apenas intervengamos un par de compases), son fundamentales para que el mensaje de la música llegue y se traslade al público de una manera mucho más emocional.

Como decía el maestro L. V. Beethoven, «Tocar una nota equivocada es insignificante; tocar sin pasión es imperdonable».

La melodía en música nos inspira a adaptarnos al contexto, a saber presentar nuestra propuesta o idea de maneras diferentes. Por ejemplo, una misma obra sinfónica no podrá ser dirigida o interpretada exactamente igual en función del lugar donde se lleve a cabo el concierto (si es un auditorio al aire libre, un auditorio con una magnífica acústica, en una basílica o catedral que puede tener mucha reverberación, si por circunstancias acústicas o espaciales la orquesta sinfónica está sonorizada o no, etc.)

En una catedral con mucha reverberación por ejemplo, debemos ser muy cautos con los *tempos* rápidos –respetando siempre las indicaciones metronómicas del compositor–, procurando que los sonidos emitidos no se mezclen con los sonidos que nos llegan «rebotados».

Lo mismo ocurre con los matices: prácticamente siempre hacemos una prueba acústica con la orquesta un tiempo antes de comenzar el concierto, generalmente sin público, por lo que cuando empieza el concierto con la sala llena o mucha afluencia de público las circunstancias sonoras ya no son exactamente iguales a cuando hicimos la prueba, pues el público absorbe y atenúa parte del sonido, sobre todo las medias y altas frecuencias.

Las partituras contienen muchos matices que nos indican la fuerza o intensidad con que debemos interpretar un determinado pasaje o nota/s musical/es: *pianissimo (pp), piano (pp), mezzo piano (mp), mezzo forte (mf), forte (f), fortissimo (ff),* etc. Pero, por ejemplo, ¿con cuánta intensidad o decibelios debemos interpretar un pasaje en *forte*? Dependerá de varias circunstancias, como por ejemplo la acústica de la sala de conciertos, la intensidad en la que está tocando la orquesta cuando llega a ese punto en concreto, si la orquesta está tocando sola o está acompañando a un solista, etc.

Al hilo de esta cuestión contaré una anécdota que vi hace algunos años en un vídeo de un ensayo del maestro Leonard Bernstein que es muy ilustrativo al respecto:

Durante el ensayo el maestro le decía al percusionista que debía tocar los platillos *forte* en una determinada entrada tras muchos compases de espera en silencio. Tras varias repeticiones, el maestro Bernstein le comentó al percusionista que su espera debía ser activa, escuchando el flujo y la intensidad con que llegaba el sonido orquestal en ese momento, y que su entrada *forte* se debía acoplar y encajar perfectamente con la intensidad con la que venía tocando la orquesta.

Así pues, cada *forte* en ese momento no será siempre igual, sino que se tocará en función del *forte* que esté haciendo la orquesta en ese momento. Por lo tanto, no hay dos conciertos iguales ni dos interpretaciones exactamente iguales, sino que nos adaptaremos a cada circunstancia.

En muchas ocasiones, la sala en la que hacemos los ensayos durante la semana no es la misma que en la que hacemos el concierto. A veces es más seca y otras tiene más reverberación.

Les invito a escuchar por el ejemplo el comienzo de la maravillosa *suite El pájaro de fuego* de I. Stravinsky, en la que el Stravinsky indica al comienzo de la partitura que los violoncellos y los contrabajos deben comenzar a tocar *pianissimo* (pp) y con sordina, a los que se sumarán de igual manera las violas en el compás 3. Como directores debemos equilibrar esa entrada con la indicación que pide Stravinsky, pero de un modo que sea audible y perceptible para el público. Cada sala será diferente y por tanto ese *pianissimo* también lo será, buscando ese encuentro mágico entre lo que pide el compositor y las condiciones acústicas de la sala.

Fernando y yo llevamos la idea de adaptarnos al contexto creando nuestra propia melodía cada noche diferente en nuestro concierto-conferencia *El mensaje de la música*, de manera que Fernando se acerca al público y pide a tres personas diferentes que le digan una nota musical, que puede estar alterada (con bemoles o sostenidos), o natural (diré que, a pesar de que Fernando y yo somos como hermanos él siempre me consigue la combinación más compleja). Con esas tres notas, a través de diferentes variaciones y armonías creamos nuestra propia melodía con el público esa noche.

A veces, cuando varias melodías suenan simultáneamente (contrapunto) nos cuesta identificar la melodía principal; sin embargo, este contrapunto no solo no tapa a la melodía, sino que la enriquece.

Les invito a escuchar el comienzo de la *Sinfonía nº 40 en Sol menor* de W.A. Mozart y escucharán cómo el bello y reconocible tema que abre el movimiento es enriquecido por diferentes contrapuntos tomados con motivos de la melodía, que pasará por clarinetes, fagotes, etc.

En la película *Amadeus*, cuando Mozart intenta convencer al emperador José II para que le permita llevar a escena su ópera *Las bodas de Fígaro*, le comenta que, en la vida, cuando la gente habla al mismo tiempo hay tanto ruido que no se entiende una palabra, pero con la ópera, con la música, podemos hacer que veinte personas «hablen» al mismo tiempo, que veinte melodías suenen a la vez a través del contrapunto y «ya no hay ruido sino una perfecta armonía».

Les invito a escuchar la pieza *Song from a Secret Garden,* de *The Secret Garden Album*, del compositor Rolf Lovland, para escuchar como una bella melodía es modificada y variada de varias maneras diferentes sin perder su esencia. O el 4º movimiento de la maravillosa *4ª sinfonía* de Brahms para escuchar como una melodía formada por 8 compases (una escala de 6 notas y dos notas más formando una cadencia) es desarrollada de múltiples maneras diferentes, la *Serenata* de Schubert, o el Preludio de *Tristan e Isolda* como ejemplo de una larga y apasionada melodía continua sin fin.

Tema B

*«Cuando me siento temeroso,
sostengo mi cabeza en alto
y silbo una tonada alegre,
para que nadie sospeche que tengo miedo...
Y cada vez, la felicidad de la tonada
me convence de que no tengo miedo».*

ROGERS Y HAMMERSTEIN

Te habrá pasado en más de una ocasión. Hay una canción que, por alguna razón, no deja de rondarte por la cabeza, como una mosca veraniega de esas que te persiguen allá donde vayas y a las que no hay forma de dar esquinazo. Esa canción es tan insistente, que, sin darte cuenta, te encuentras silbándola. Y a pesar de que obviamente no se trata de la misma versión que escuchaste en Spotify o en la radio del coche o desde una ventana abierta en el patio de luces de tu edificio, y en tu interpretación silbada no hay instrumentos, ni base rítmica, ni acordes, ni letra, y puede que incluso te tomes alguna que otra licencia con las notas respecto al original, no cabe duda de que es la misma canción. Porque debajo de todas esas capas accesorias la canción sigue existiendo en su esencia, en eso que en música llamamos «melodía».

La melodía está en el origen de toda composición musical y en ella la pieza sobrevive cuando eliminamos todo lo demás. Cuando silbamos una canción, el aire que emana desde nuestros carrillos y cobra musicalidad a través de nuestros labios fruncidos es la melodía.

Una buena melodía tiene gran cantidad de efectos positivos, tanto a nivel cognitivo como fisiológico. Entre ellos, acelera el aprendizaje, fortalece la memoria, favorece la evocación de experiencias y recuerdos, controla el estrés, modula la velocidad de las ondas cerebrales, estimula la creación de nuevas conexiones neuronales, refuerza el sistema inmunológico y sirve para frenar o acelerar los latidos cardíacos o la presión arterial.

Eso por lo que se refiere a quien escucha. En cuanto a los generadores de melodías, es decir, a quienes la interpretan, un estudio publicado en *International Journal of Music Education* señalaba que la práctica musical favorece las habilidades de comunicación, ayuda al desarrollo de la coordinación motriz, mejora el razonamiento espacial e incrementa la autopercepción.

En la vida también hay melodía. Aunque a veces pueda parecernos lo contrario, nuestra vida no es una sucesión caótica de sucesos inconexos, sino que sigue una suerte de patrón que, salpimentado con algunos cambios de rumbo aquí y allá, nos va conduciendo de una etapa hasta la siguiente dejando una estela de congruencia tras de sí.

Y, sí, como en todo buen guion, ese camino vital no siempre será perfectamente lineal; se producirán en él algunos puntos de inflexión más o menos violentos que introducirán cambios de ritmo, virajes de timón, obstáculos que sortear, personas a las que conocer y acontecimientos que harán la travesía más difícil o interesante –o puede que ambas cosas–. Pero incluso en los casos en los que estas variaciones sean especialmente acusadas, esa vida seguirá conservando una pátina de coherencia interna que la hará reconocible a ojos de los demás: ¡tu melodía!

Como en una partitura, si eliminamos todo lo que resulta accesorio o sobrante de nuestra vida encontraremos una esencia fundamental que seguirá siendo reconocible y sobre la que es posible empezar a construir.

Algunos le llamarán personalidad, unos rasgos particulares que condicionan una forma de ser y comportarse. Otros quizá prefieran hablar de propósito, poniendo el foco en el destino final que se persigue como el elemento que condiciona el camino escogido. Pero en cualquiera de los casos, esos rasgos esenciales que permanecen en la base, esa melodía de nuestra vida, trazan unas coordenadas que impiden que nos perdamos. En caso de duda, basta con silbar la melodía.

Al igual que sucede en la música, la melodía de la vida no viene compuesta de antemano. Hay que crearla, trabajarla con dedicación y meticulosidad, agregando unas notas y eliminando otras, probando distintas combinaciones con infinita paciencia hasta lograr alcanzar ese sonido perfecto que buscamos. Es un trabajo de años, a lo largo de los cuales las distintas experiencias, personas y conocimientos que pasan por nuestra trayectoria y van dando forma a nuestro talento nos ayudarán a crear ese tema central de la banda sonora de nuestra existencia.

Se trata además de un proceso dinámico, que evoluciona con el tiempo. Aunque su base pueda estar compuesta por un mismo grupo de notas, no siempre las interpretaremos de la misma manera. Dependiendo de las circunstancias externas o de nuestro momento vital es posible que esa misma manera de afrontar los desafíos del día a día suene más rápida o lenta; sea vibrante como un desfile o desmayada como un atardecer; estruendosa como una explosión o apenas perceptible para el oído humano. Es una melodía viva, que no está atrapada en una única grabación inmutable, sino que es capaz de reinventarse a sí misma y, aun así, seguir siendo reconocible como ese tema principal sobre el que gravita nuestra existencia.

La vida no es otra cosa que una hermosa melodía. Una sucesión de «notas», colocadas en un «pentagrama», bajo una «clave» con la que ya nacimos, con «sostenidos y bemoles» durante el camino. Y lo que hace hermosa esa melodía es precisamente el hecho de que es única e intransferible, que cada uno de nosotros tenemos la nuestra, reconocible y distinta de las de las demás personas, del mismo modo que son diferentes dos temas dentro de un mismo disco.

Dependiendo del tipo de melodía y de los matices que le demos al interpretarla, nuestra vida será de una u otra manera. A una misma melodía vital podemos darle un tono alegre y desenfadado o, por el contrario, elegir hacerlo de una forma lúgubre y triste. Darle un sentido positivo, sanador y regenerativo, o, por el contrario, generarnos nerviosismo y ansiedad. La melodía de nuestra vida nos sirve para conectar con la felicidad. No con una felicidad impostada de esas que nos venden los anuncios, sino con una felicidad consciente y plenamente conectada con la realidad.

Volviendo al universo musical, la melodía es una referencia. La vida sin melodía podría convertirse en una especie de «tamborrada», a la cual, aun con mucho ritmo, le falte la esencia de lo que quiere describir, expresar, sentir. No solo porque en ella reside la esencia del paso del tiempo, sino porque también es la base sobre la que levantar todo lo demás, porque la melodía es la depositaria de la emoción. De hecho, la melodía es la dimensión de la música que más conecta con las emociones, con nuestra mente emocional. Por eso a veces, sin la necesidad de ningún ritmo, la llevamos presente en nuestra mente y de forma repetitiva, sin escapar a ella.

Diversos estudios de ámbito académico han analizado esta relación, por ejemplo, para tratar de demostrar la capacidad de la melodía para enseñar inteligencia emocional. Una melodía puede ser triste o alegre, y puede infundir inquietud o transmitir serenidad a quien la escucha y a quien la interpreta. No es casualidad el que aprovechemos un momento íntimo y relajado, como es el del aseo personal y la ducha diaria, para silbar, tararear o cantar a pleno pulmón nuestras canciones favoritas. Y es que cuando cantamos –es decir, cuando reproducimos una melodía con o sin su letra original–, nuestra red de neuronas se revoluciona, creando nuevas conexiones y liberando endorfinas.

Los compositores son conocedores de la fuerza de una melodía como vehículo transmisor de emociones y la utilizan a la hora de crear sus obras. Son obras «intencionadas», a través de las cuales es posible inducir una emoción en la persona que la escucha. La música se usa, de hecho, en numerosos contextos para tratar de cambiar o potenciar estados de ánimo. «La música amansa a las fieras», dice el dicho. Y no se trata de una frase carente de fundamento empírico. Se ha comprobado, por ejemplo, que las vacas dan más leche cuando se les ponen de fondo las sonatas de Mozart, y también en los mataderos se recurre a la música relajante para calmar a los animales antes de ser sacrificados.

Nosotros mismos recurrimos con frecuencia a melodías concretas que forman parte de nuestro acervo cultural personal para que actúen como termostato de nuestras emociones. El entrenador de fútbol Pep Guardiola les ponía la canción *Viva la vida,* de la banda británica Coldplay, a los jugadores del Barcelona antes de un partido importante para motivarlos y trasmitirles confianza. Y abundan los casos de personas que escuchan canciones para calmarse antes de entrar en el quirófano para someterse a una intervención o de salir a un gran auditorio para pronunciar una conferencia.

Uno de los usos más frecuentes de las aplicaciones emocionales de las melodías es incrementar la felicidad. Un estudio dirigido por Lyz Cooper, fundadora de la Academia Británica de Terapia de Sonido, indagó en la manera en que las personas nos valemos deliberadamente de la música para despertar emociones. El 82 % de los encuestados aseguró que la usaba para sentirse feliz.

Otro experimento, en esta ocasión llevado a cabo por el departamento de Psicología de la BUAP en México, trató de determinar la influencia de la música en la mente de las personas. Previamente a la realización del estudio, los investigadores midieron el nivel de ansiedad de los participantes, todos ellos estudiantes de Psicología de alrededor de 20 años de edad. A continuación les hicieron escuchar distintos fragmentos de *heavy metal*, de 5 minutos cada uno. Los investigadores comprobaron que los fragmentos de escucha incrementaban el nerviosismo de los participantes, y que estos expresaban corporalmente estos impactos con continuos cambios de posición.

La melodía tiene una segunda vía de conexión con el cerebro emocional: a través de la evocación. Pocos estímulos activan de un modo más automático e instantáneo una emoción que una música que sonaba en un determinado momento en que sentimos esa misma sensación. Esto se debe al enorme poder asociativo que, como los olores o los sabores, –la magdalena de Marcel Proust– posee una melodía. Esa facultad hace que el oyente reviva de forma natural la emoción o el recuerdo de lo que estaba haciendo, del lugar o de la persona que lo acompañaba la primera vez que escuchó esa canción o pieza musical.

También los momentos centrales de una existencia, aquellos que marcan ese todo con identidad y significado propio, que es la melodía de una vida, tienen ese mismo poder. Hay una serie de instantes en nuestro tránsito por el mundo que dejan un poso profundo en nosotros. Un poso que vuelve a ser convocado y resuena con fuerza en nuestro interior cada vez que vivimos una experiencia similar. Ese es el poder arrebatador de la melodía de la vida y sus emociones.

Fusión melódica

No venimos a nuestra vida con una melodía ya escrita; nos toca a nosotros escribirla con nuestro quehacer diario.

La melodía deja un poso en nosotros para siempre, por la conexión emocional que nos genera.

La melodía, si está bien elaborada, evita el ruido.

La melodía genera referencias con la realidad y recuerdos.

RITMO

Tema A

*«Confía en el tiempo, que suele dar dulces salidas
a muchas amargas dificultades».*

Don Quijote de La Mancha

La música es un arte de movimiento, como la poesía y la danza. El ritmo musical se refleja en la diferenciación de los valores de duración, cortos o largos, o ambos a la vez, acentuados o no, fuertes o débiles. El ritmo (del latín *rhythmus*) puede existir independientemente de la melodía y la armonía, transcurre en el tiempo y toma forma según las diferentes maneras en que se producen y enlazan los acentos. Podríamos decir que el ritmo musical se produce por una sucesión regular de acentos fuertes y débiles que se repiten periódicamente, y en la vida representaría un orden acompasado en la sucesión de las cosas.

Al igual que a una sílaba se le une otra para formar palabras y expresar ideas, de la fusión de dos o más sonidos nace el pie métrico, que es la unidad rítmica en la medida antigua o moderna.

El pie (métrico) es la unidad métrica cuantitativa del verso griego o latino, formado por un número reducido de sílabas largas y breves (de dos a cuatro). En cada pie hay dos tiempos, uno de elevación o arranque (*arsis*) y otro de descenso o reposo (*tesis*). La misma expresión de pie métrico también se aplica al ritmo musical. El nombre procede de las canciones acompañadas de danza, en las que el pie servía para marcar el ritmo.

Al igual que veremos que existen modos griegos, también existen unos pies métricos griegos (*yambo, troqueo, espondeo, pírrico, anapesto, dáctilo, tribraquio, crético o anfímacro, anfíbraco, coriambo...*) que han inspirado gran parte de la historia de la música.

El ritmo también puede detectarse en los procesos naturales, como la sucesión periódica de fenómenos geofísicos. Las mareas oceánicas y los meses lunares, por ejemplo, son sucesos vinculados a procesos rítmicos.

Al igual que el ritmo es parte fundamental en la música, también lo es en la partitura de nuestra vida, y está muy presente, casi sin darnos cuenta, en la naturaleza. La vida está llena de ritmos binarios (luz y oscuridad, frío y calor, inspirar y espirar, sístole y diástole, las flores de las margaritas, que se abren cuando sale el sol y se cierran por la noche...), ritmos ternarios (concepción, gestación y parto, la siembra, el crecimiento y la siega...), cuaternarios (norte, sur, este y oeste, las cuatro estaciones...).

El ritmo es la manera de contabilizar el paso del tiempo de los organismos vivos.

Cada célula viva tiene su ritmo de división. Contamos el funcionamiento del corazón en «latidos»; la respiración, en «frecuencia respiratoria»; el funcionamiento del cerebro en «ondas eléctricas», etc. Algunos ritmos son muy rápidos, como el batir de las alas de un insecto (miles de veces por segundo), mientras que otros, como el fenómeno de la «hibernación», se repiten una vez al año.

Y cuanto más observamos nuestro entorno, más se puede percatar uno de que el paso del tiempo está marcado por ritmos. Podemos decir, sin temor a equivocarnos, que el ritmo es la esencia de la vida. ¡Si hay ritmo, hay vida!

En la música encontramos relaciones matemáticas que también se dan en la naturaleza, algo que dejó plasmado maravillosamente tanto en su música como en sus tratados el genial compositor Béla Bartók. Resulta sorprendente que en la naturaleza aparezca recurrentemente una construcción matemática. En el siglo XIII, el matemático italiano Leonardo de Pisa, conocido como Fibonacci, describió una serie o sucesión que aparece en configuraciones biológicas: en flores de alcachofas y girasoles, en algunas inflorescencias, en las piñas o incluso en la estructura en espiral de algunos moluscos como el nautilus.

La «sucesión de Fibonacci» explica que, empezando por la unidad, cada uno de los siguientes términos de la serie es la suma de los dos anteriores (1,1,2,3,5,8,13...). Y si dividimos cualquier número de la secuencia por el anterior, el resultado siempre se aproxima a 1.61803, número conocido como el «número áureo» y representado por letra griega *phi* (por eso también se denomina a esta serie la «secuencia dorada»).

Esta sucesión tuvo mucha popularidad en el siglo XX, especialmente en el ámbito musical, y compositores como Béla Bartók, Olivier Messiaen o Delia Derbyshire la utilizaron para la creación de acordes y nuevas estructuras de frases musicales. Lo milagroso es que, analizando alguna de las composiciones de Mozart, esta sucesión se daba de modo casi natural.

En el ritmo encontramos tres elementos fundamentales como son el pulso, el acento y el compás.

1. **El pulso** en música es una unidad básica que se emplea para medir el tiempo. Se trata de una sucesión constante de pulsaciones que se repiten dividiendo el tiempo en partes iguales. Cada una de las pulsaciones, así como la sucesión de las mismas, reciben el nombre de pulso. Este elemento, por lo general es regular, aunque también hay

obras con pulso irregular. Asimismo, puede acelerarse o retardarse, es decir, puede variar a lo largo de una obra musical en función de los cambios de tiempo de la misma, del fraseo, de los diferentes temas, de un determinado clímax musical, de la interpretación. Puede ser indicado mediante los términos agógicos (*allegro, adagio, presto, accelerando, ritardando*, etc.) o mediante indicaciones metronómicas.

Los directores dirigimos el ritmo, el fraseo e infinidad de detalles más que siempre están sustentados por una pulsación interna. Por ejemplo, si dirigimos una «redonda», que dura cuatro tiempos, no es necesario dar cuatro golpes de batuta; podemos aguantar la nota con el gesto, pero internamente tendremos esa pulsación de cuatro tiempos.

2. **El acento** es la mayor fuerza o intensidad con la que se ejecuta uno de los pulsos, y resulta muy importante para articular bien una frase musical. En función del acento, los compases serán binarios, ternarios, cuaternarios o los resultantes de sus diferentes combinaciones. Numerosas músicas han encontrado su ámbito y lugar tratando y modificando su acentuación. Tal es el caso por ejemplo del jazz, estilo en el que es habitual cambiar y modificar las acentuaciones y que le aportan su esencia tan característica.

Todas las obras musicales tienen un principio (*da capo*) y un fin (*fine*), al igual que la vida. Somos finitos. La importancia del acento en la música nos muestra una similitud con la importancia del acento en la vida. De los diferentes aspectos, pulsos que hay en nuestra vida, ¿en cuáles ponemos el acento o el foco? ¿A cuáles les dedicamos más atención, más tiempo?

3. **El compás** nos ayuda a regular ordenadamente la pulsación en la ejecución musical. Nos ayuda a establecer un orden en el discurso musical. De ahí que, en muchas ocasiones, cuando observamos situaciones o acciones cotidianas excesivas o desproporcionadas digamos que están «descompasadas».

La música tiene constantes cambios de *tempo*. Lo natural en la música es el cambio. Cuando dirigimos o interpretamos estamos cambiando constantemente de *tempo*, de compás, de armadura, de textura, de ambiente musical. Hay cambios de *tempo* que tienen una relación metronómica; por ejemplo, el siguiente movimiento será la mitad de lento o el doble de rápido que el anterior, la última corchea del *tempo* anterior tendrá la misma velocidad que la negra del siguiente movimiento o *tempo*, etc. Pero hay otras veces en que los nuevos *tempos* no guardan una relación metronómica exacta con el anterior. Cuando esto ocurre, como directores se producen momentos muy especiales pues estamos dirigiendo el final de un movimiento o sección a un *tempo*, a una determinada velocidad, a la vez que vamos interiorizando cómo será el nuevo *tempo* para dar una buena entrada (*anacrusa*) a la orquesta. En este sentido, la música nos enseña que el cambio es lo único que permanece. Nos ayuda a interiorizar el concepto de adaptabilidad, pues nos vamos adaptando a nuevos *tempos* y nuevos contextos.

Es muy bonito e inspirador experimentar a través de la música que todo cambio individual conlleva un cambio colectivo y viceversa. El impulso con el que el director comience el nuevo movimiento hará que toda la orquesta lo interprete y siga de la misma forma. Igualmente hay pasajes donde es el solista, con la complicidad del director, quien toma un *tempo* nuevo y toda orquesta sigue y acompaña a esa velocidad. A veces somos nosotros los que provocamos este cambio a través del gesto y, en otras ocasiones, como decía Herbert Von Karajan («El arte de dirigir consiste en saber cuándo abandonar la batuta para no molestar a la orquesta»), debemos dejar fluir el sonido orquestal y no encorsetarlo. Es decir, que unas veces ejercemos el control y otras, de manera consciente, debemos dejar fluir.

A veces, entre un movimiento y otro de una sinfonía (en la mayoría de las veces contrastante, rápido-lento y viceversa), tomamos unos segundos de descanso para bajar las pulsaciones y tomar el nuevo tiempo no influenciado por el anterior. Por ejemplo, si hemos dirigido un primer tiempo de una sinfonía *allegro* y ahora vamos a dirigir un segundo movimiento lento, si no dejamos pasar un tiempo prudencial, al dirigir el movimiento lento nos puede parecer que lo estamos interpretando más despacio debido a la referencia y excitación que tenemos con el anterior.

El tiempo de descanso y desconexión para una buena interpretación también es igualmente importante. Cuando el repertorio a interpretar ya se ha trabajado suficiente con la orquesta sinfónica o en el aspecto interpretativo individualmente, transmitir confianza al grupo y descansar hará que rindamos mejor, disfrutemos y demos nuestra mejor versión en el escenario.

¡Qué importante es el *tempo* en la vida!

La música nos enseña que la esencia de las cosas requiere su tiempo. Vivimos en un momento en el que los acontecimientos se suceden demasiado rápido sin apenas tiempo para saborear las cosas. Como decía John Lennon, «la vida es aquello que nos ocurre mientras hacemos otros planes». Como músico siempre me ha gustado disfrutar de todo el proceso creativo: diseñar el programa del concierto, estudio de la partitura en casa, ensayos y compartir con los demás músicos y el público la interpretación en directo.

Respecto a la importancia de la dedicación de nuestro tiempo a la música recuerdo una anécdota que me contaron del gran guitarrista Andrés Segovia.

Una noche, cuando Andrés Segovia salía de dar un concierto, un espectador se acercó y le dijo:

—Maestro, daría mi vida por tocar como usted.

—Eso es exactamente lo que he hecho yo, dar mi vida.

La música también nos enseña a saber respetar y entender los diferentes ritmos de otras personas, a saber acompañar los diferentes ritmos de aprendizaje y a valorar el hecho de que cada uno de nosotros llevamos nuestro propio ritmo interior.

En ocasiones pensamos que los niños deben aprender muchas cosas cuanto antes, los adolescentes deben comportarse como adultos, y nosotros, los adultos, no hacemos más que compararnos con los ritmos ajenos. Pero, como decía Oscar Wilde: «Es bueno ser uno mismo; los demás puestos están ocupados».

Les invito a escuchar *La consagración de la primavera*, de I. Stravinsky. Este ballet y obra de concierto orquestal fue escrito para la temporada 1913 en París para la compañía de ballets rusos de Serguéi Diáguilev; la coreografía original fue creada por Vaslav Nijinsky, con escenografía y vestuario de Nicholas Roerich.

Cuando se estrenó, en el Teatro de los Campos Elíseos el 29 de mayo de 1913, el carácter vanguardista de la música, rupturista e innovador con lo anterior, y la coreografía causaron sensación y disturbio en la audiencia. Aunque mi recomendación de esta obra la incluimos en el capítulo de ritmo, fue innovadora en todos los niveles (melodía, armonía, timbre, orquestación...). El estreno supuso un verdadero escándalo en el que incluso se llegaron a provocar algunas peleas en las que hubo que intervenir tras el segundo acto para contener al público que mostraba su descontento por el estilo y la trama de tan revolucionaria obra (describe la historia, sucedida en la Rusia antigua, del rapto y sacrificio pagano de una doncella al inicio de la primavera, la cual debía bailar hasta su muerte a fin de obtener la benevolencia de los dioses al comienzo de la nueva estación). La obra rompía totalmente con la línea habitual armónica, tímbrica y rítmica de las anteriores estrenadas en París y su historia provocó la indignación de los presentes, que poco a poco comenzaron a abuchear a los actuantes. Los gritos y los silbidos fueron en aumento y a partir del segundo acto derivaron en una bronca tan grande que anuló la música y obligó a Stravinsky a marcharse del teatro. Curiosamente, apenas un año después la obra volvió a presentarse, y entonces sí, fue al fin aplaudida como bien se merecía.

La historia reconoció a Stravinsky, convirtiendo *La consagración de la primavera* en una de las obras fundamentales y más influyentes del siglo XX.

Tema B

¿Por qué el tambor y el bombo son piezas imprescindibles de una banda de música, o los timbales y los platillos miembros tan importantes en una orquesta sinfónica como puedan serlo un violín o un oboe? ¿Por qué la estrella de Ringo Starr brilla con el mismo legendario fulgor que la de sus compañeros Harrison, Lennon o McCartney, que eran quienes realmente ponían música y letra a las canciones de los Beatles? ¿Por qué se le da tanto «bombo y platillo», nunca mejor dicho, a los percusionistas si a veces ni siquiera tocan «verdaderas notas»? La razón está en que en sus manos, armadas con mazas, baquetas o escobillas, radica una parte esencial en toda composición musical: el ritmo.

La palabra ritmo procede del latín *rhythmus*, que significa «un orden acompasado en la sucesión de las cosas». Otra definición nos aclara que se trata de «un movimiento controlado o calculado que se produce como resultado de una determinada ordenación de distintos elementos». El ritmo es, junto a la armonía y la melodía, uno de los tres componentes esenciales de la música. De la música... y también de la vida. Porque si la armonía brinda el equilibrio y el estado mental necesarios para emprender todo viaje, y la melodía aporta el itinerario a seguir, el ritmo pone la energía y marca la velocidad óptima para alcanzar nuestro destino.

El ritmo está muy presente en la vida. Nuestro organismo sigue numerosos patrones temporales que se repiten en el tiempo de forma regular. La respiración, la circulación de la sangre o las fases del sueño son, en esencia, funciones rítmicas, y el propio centro de la vida, el corazón, no es otra cosa que un poderoso metrónomo que con sus latidos marca el *tempo* de nuestro paso por el mundo. De hecho, hay una teoría que asegura que, de manera inconsciente, asignamos a un fenómeno la categoría de «lento» o «rápido» en función de si se desarrolla a un ritmo inferior o superior al del latido medio de un corazón humano (entre 60 y 80 pulsaciones por minuto). Cuando un médico le toma la tensión a un paciente se está cerciorando de que su existencia sigue avanzando al ritmo adecuado. Y si el pulso cesa, cesa la vida. ¡Así de importante es el ritmo!

Esa presencia del ritmo en nuestro propio funcionamiento como seres vivos es lo que hace que cualquier persona, aunque carezca de conocimientos musicales, sea capaz de seguir los golpes de batería de una canción que suena por la radio tamborileando con los dedos. Lo hará con mayor o menor habilidad, pero lo hará.

La capacidad innata de las personas para «llevar el ritmo» es precisamente la base de un experimento llevado a cabo por un grupo de investigadores de la Universidad Northwestern de Chicago con el que trataron de aportar evidencias científicas acerca de la importancia del ritmo en el lenguaje. Se solicitó a los participantes que golpearan con un dedo sobre una almohadilla conectada a un ordenador siguiendo el ritmo de un metrónomo. En una segunda fase del experimento, unos electrodos midieron la respuesta del cerebro de los sujetos ante un estímulo lingüístico como era la repetición de una determinada sílaba. El experimento constató que aquellos estudiantes que habían reproducido la pauta del metrónomo con mayor precisión eran también los que tenían una mayor respuesta en su cerebro a los estímulos del habla.

En realidad, las conexiones entre ritmo y habla vienen de la antigüedad. La retórica griega ya daba pautas para usar las pausas y la velocidad para enfatizar el mensaje, y en su obra *El orador*, el romano Cicerón ya afirmaba que «el ritmo realza las ideas». Recientemente, un estudio realizado por investigadores de la Universidad de Lyon concluyó que los diferentes idiomas tienen diferentes ritmos. El español o el japonés, por ejemplo, se mueven en cadencias rápidas con grandes cantidades de sílabas por segundo, mientras que otros como el alemán, con palabras más largas, o el vietnamita, son más lentos.

En general, el ritmo está muy presente en la vida cotidiana y nos referimos explícitamente a él en nuestras conversaciones. Hablamos del «ritmo frenético» de las grandes ciudades o «pausado» de las zonas rurales; o de llevar un «ritmo de vida acelerado» o «más tranquilo» según nos encontremos en un momento vital marcado por un mayor o menor nivel de actividad.

En el plano individual nos sirve para ajustar esfuerzo y velocidad a la consecución de nuestros objetivos personales. Un estudiante «sube el ritmo» de estudio, en horas de dedicación y en concentración, cuando se aproxima la fecha del examen. Y también en el trabajo hay picos en los que toca incrementar la intensidad y valles en los que se permite bajar un poco el pistón. El ritmo es ese termostato que nos permite modular el nivel de esfuerzo en función de las necesidades y nos ayuda a buscar puntos de equilibrio, compensando periodos de sobre-esfuerzo con otros en los que nos tomamos un pequeño respiro.

Pero si el ritmo es de gran ayuda para gestionar el trabajo individual, resulta indispensable en la acción colectiva. En las galeras de la antigüedad un forzudo alguacil marcaba el ritmo con un tambor para que los remeros bogaran al unísono. Una de las principales funciones de un director de orquesta es asegurarse de que sus músicos no pierden el compás, que todos ellos tocan como si fueran un único intérprete, un ente colectivo íntimamente conectado a través del ritmo. Y lo mismo sucede con cualquier manifestación humana que implique a más de un individuo actuando de forma sincronizada.

El ritmo vive íntimamente ligado al concepto de tiempo. En la Grecia antigua se hacía una doble distinción del tiempo, representada por dos de sus deidades: Cronos y Kairós. Mientras que *cronos* es una concepción puramente cuantitativa, que mide en segundos, minutos, horas, días, semanas, meses o años el transcurrir del tiempo, *kairós* se aproxima al fenómeno de una forma más libre, en la que el valor del tiempo no viene marcado por una determinada duración, sino por el aprovechamiento subjetivo que cada persona hace del mismo. Según esta última acepción, aunque su lapso temporal sea idéntico, una hora empleada en cumplimentar un formulario administrativo no tiene el mismo valor cualitativo que 60 minutos pasados en compañía de un viejo amigo al que hacía tiempo que no veíamos.

El ritmo marca el *tempo* de nuestra vida, y eso proporciona estabilidad, cierto orden. Pero también entraña peligros. En primer lugar, es contagioso. Igual que los condenados a galeras se veían obligados a seguir la pauta que les marcaba el tambor al remar, en los entornos laborales actuales también hay un tambor subliminal marcando un implacable ritmo que nos vemos impelidos a acatar, aunque no sea el que más nos convenga. Hay presión, hay estrés y un ritmo de trabajo permanente y artificialmente alto que nos puede llevar a volcar todas nuestras energías en ocupar hasta el último resquicio del *cronos*, pero olvidando completamente el *kairós*. Y eso, al margen de que nos puede ocasionar serios problemas de salud, es no entender bien el ritmo de la vida.

Todos podemos sentirnos estresados ante una situación desconocida, traumática o que nos suponga un desafío. El problema de llevar un ritmo de vida elevado es que puede hacer que esos problemas puntuales de estrés se conviertan en crónicos, prolongándose indefinidamente en el tiempo. Una vez inmersos en esa dinámica, cualquier acontecimiento, grande o pequeño, grave o leve, se experimenta con un altísimo coste emocional y angustia y ansiedad permanentes.

El estrés crónico es, de hecho, una de las enfermedades más extendidas de nuestro tiempo, y su impacto en nuestro organismo puede llegar a ser devastador. Entre los problemas de salud derivados de esta grave disfunción de nuestro ritmo vital figuran hipertensión arterial, diabetes, obesidad, eccemas, alteraciones el sueño, estreñimiento, irritabilidad, cansancio o ataques de pánico.

Frente a los problemas que supone vivir con el pie pegado al acelerador, hay quien, como los defensores del movimiento *slow living*, abogan por bajar drásticamente las revoluciones que imprimimos a nuestra vida. Vivir *slow* supone relativizar la importancia que otorgamos a llenar nuestro día a día de tareas, cuantas más mejor, y tratar de encajarlas a golpes en un interminable *checklist* que nos genera frustración porque es imposible de cumplir.

Llevar una vida en modo *slow* no quiere decir ni mucho menos dejar de hacer cosas o desatender nuestras responsabilidades. De hecho, implica atenderlas «de verdad». Solo que, en lugar de intentar acaparar todas las tareas en un desquiciado intento por batir récords de velocidad, las personas *slow* prefieren focalizarse en solo unas pocas, las verdaderamente importantes. Eso sí, asegurándose de que esas pocas tareas se hacen bien. Y para ello les dedicarán el tiempo necesario para completarlas, ni más ni menos.

Los efectos de meterle una marcha menos a nuestras rutinas diarias son enormemente beneficiosos para nuestra salud, ya que hacen desaparecer la pesada losa de la ansiedad y el estrés asociados a los modelos productivos de alta intensidad. Distintos estudios científicos han demostrado que esa capacidad de vivir el presente produce cambios fisiológicos apreciables en el organismo. Se dispara la oxitocina –popularmente conocida como hormona del amor–, y en general las endorfinas, responsables del placer, y también se incrementa la concentración de ciertos opioides naturales que nos proporcionan sensación de bienestar.

Pero, por sorprendente que pueda parecer, también supone ventajas para nuestra faceta profesional. Porque, de acuerdo, cuando trabajamos en modo *slow* tal vez completemos un menor número de tareas en el tiempo asignado –algo que no suele gustar a los *softwares* de medición de la productividad–, pero, a cambio, la calidad de las que hagamos será mucho mayor.

No solo eso; tomarnos las cosas con un poco más de calma y no vivir permanentemente pendientes del reloj y de los *deadlines* nos convierte en profesionales más conectados con nuestro entorno y más receptivos a los cambios, a veces muy sutiles, que se producen en el mercado. Esta actitud abierta y plenamente conectada con el presente abre infinitas posibilidades para aprovechar en el futuro, lo que convierte a las personas *slow* en valiosas fuentes de innovación y oportunidades.

El ritmo *slow* tiene mucho que ver con conectar con el presente y con la llamada atención plena, es decir, con poner los cinco sentidos en aquello que tenemos delante. Como digo en mi último libro, *Salta contigo, ¿y si eliges ser valiente?* solo existe un momento verdaderamente importante: el presente

Disciplinas como el *mindfulness* o la meditación pueden servir de gran ayuda a la hora de reconectar con nosotros mismos y con la realidad. A través de distintos ejercicios, estas técnicas se apoyan en la respiración para eliminar de la ecuación el ruido exterior que trata de imponer el estilo de vida actual y que, además, en muchas ocasiones nos genera sufrimiento.

Una vez logramos despojar a la realidad de lo accesorio, nuestra mente puede focalizarse en su esencia y poner los cinco sentidos en esa experiencia del momento actual. Alcanzar, en definitiva, niveles de concentración que nos llevan a disfrutar del instante, sin juzgar y sin dejar que los pensamientos negativos y otros sesgos cognitivos interfieran en nuestra vida.

La meditación o el *mindfulness* son de gran ayuda para disminuir nuestro ritmo de vida, pero también es cierto que son técnicas de cierta complejidad y requieren de un aprendizaje para ser efectivas. Lo que no quiere decir que no podamos poner en práctica otro tipo de recursos más inmediatos para bajar esas revoluciones.

La mayoría de las veces, nuestras preocupaciones solo habitan en nuestra mente y somos nosotros mismos quienes nos generamos una prisa innecesaria o nos empeñamos en ver urgencia donde no la hay.

En ocasiones, un primer paso para detener esa espiral es algo tan sencillo como pararse a respirar. Hacer una pausa, cerrar los ojos y dejar que el aire circule de fuera a dentro y de dentro a fuera sin que nada importe más que la cadencia de nuestras inhalaciones y exhalaciones. Este sencillo ejercicio, practicado en momentos en los que notamos como la tensión crece y se acelera nuestro ritmo cardíaco, es una excelente manera de pulsar el botón de pausa. Y de comenzar a sentar las bases para pulsar el de reinicio de nuestra vida.

Detener el reloj y replantearnos la forma en que vivimos es algo que todos deberíamos hacer, y no solo en momentos de duda o incertidumbre, sino constantemente. Solo cuando paramos tenemos la serenidad y la clarividencia necesarias para ver salidas donde antes no parecía haberlas y encontrar sendas ocultas donde antes solo veíamos sombras.

Se trata de hacernos preguntas como: ¿es este el tipo de vida que siempre quise llevar?, ¿el que soñábamos llenos de ilusión hace años, cuando aventurábamos como sería nuestro futuro?

A veces la distancia entre aquellos planes y la realidad es mucho más corta de lo que pensamos. En ocasiones solo es una cuestión de aparcar las prisas y dejar esas cosas que nos parecían tan importantes para otro momento. Puede que para ningún momento.

En su lugar, ¿qué tal si dejamos de regalar nuestro tiempo a causas de dudosa actualidad y nos lo regalamos a nosotros mismos? Dedicar tiempo a nuestros intereses, a estar con los amigos y la familia, a practicar esos *hobbies* que tanta paz y satisfacción nos proporcionan y tenemos abandonados.

El tiempo que pasaremos en este mundo es limitado, así que lo que deberíamos estar haciendo es asegurarnos de que lo disfrutamos, saboreamos y apuramos a fondo, que lo empleamos en aquellas actividades que realmente nos llenan. Cualquier cosa que vale la pena en la vida necesita dedicación, necesita tiempo. Y no se lo podremos dar si lo malgastamos en otros quehaceres. Muchos padres viven obsesionados por que a hijos no les falte de nada y se asegurarán de que tengan los mejores colegios, los mejores juguetes y un sinfín de actividades extraescolares posibles para lograrlo. Pero muchas veces olvidan que a sus hijos les está faltando lo principal: ellos mismos, porque el ritmo de su trabajo no les permite sacar tiempo para estar con ellos.

Las redes sociales son otro perfecto ejemplo de cómo necesitamos reorganizar nuestras prioridades. ¿Cuántas veces vemos a personas –puede que a nosotros mismos– tan ocupadas inmortalizando en su móvil un concierto o la visita a un monumento durante un viaje para colgarlo en redes sociales que no les da tiempo a disfrutar del propio concierto o del monumento?

Antes de dejarnos abducir por esas dinámicas conviene recordar que cada composición musical necesita su propio ritmo y que debemos ser nosotros quienes marquemos el nuestro. El mayor miedo no debería ser la muerte, sino morir sin haber vivido.

Fusión rítmica

 **No dejes de ser tú quien lleva el ritmo de tu vida.**

El tiempo, y lo que con él haces, es lo que conforma tu vida

Pon foco, es decir más ritmo, en aquello que tenga para ti una tonalidad mayor, más importancia.

A veces nos toca vivir ciertos acontecimientos en *allegro* necesariamente rápidos, otras en andante o lento.

Lo ideal, desarrollar la capacidad de adaptarte a cada caso. Pero eso sí, decídelo y márcalo tú. En este caso, el director de la orquesta eres tú.

FA
do si
re sol mi
la
SINTONÍA

Tema A

> *«La música expresa todo aquello*
> *que no puede decirse en palabras*
> *y no puede quedar en silencio».*
>
> Víctor Hugo

La sintonía se entiende como la igualdad de frecuencia entre un receptor y un emisor.

Lo bueno de la música es que somos emisores y receptores a la vez. Emitimos un sonido en función de lo que escuchamos y recibimos del resto para trasladar un sonido y una idea común. Pongo mi emisión sonora al servicio del grupo en pro de una idea de conjunto. Y a su vez emitimos un sonido para que sea recibido por el público. Un sonido que tiene la capacidad de transformar y emocionar, de erizar la piel. Concibo la sintonía como un entendimiento y como la voluntad de sonar juntos.

La sintonía también hace referencia a la coincidencia de ideas u opiniones con el otro. Por lo tanto, como directores tratamos de aunar todas las ideas interpretativas y sonoras de cada uno de los componentes de la orquesta en una y que nos dé una sonoridad de conjunto trasladando de la manera más fiel posible la obra del autor.

A menudo, gracias a esta sintonía se produce una sincronía perfecta entre los músicos. Es igualmente bello ver —además de oír— las coreografías que se dan entre los componentes de una orquesta por secciones y en muchas ocasiones de manera global tocando con un mismo sentir, que se representa en el movimiento de los intérpretes. En muchas ocasiones podríamos adivinar qué obra están tocando únicamente observando el movimiento de los intérpretes.

A un nivel técnico, por una decisión indicada por el maestro, y en la mayoría de las ocasiones consensuada con el concertino, toda la cuerda toca con los mismos «golpes de arco», y junto con detalles más técnicos es maravilloso ver cómo toda la cuerda toca arco arriba o abajo a la vez. De alguna manera se está fusionando lo visual con la intención técnica. Ambos aspectos se nutren y complementan, dan un resultado sonoro mejor y conecta mucho con el público. Hay una retroalimentación artística entre los músicos debido a esa sincronía artística. Estas cuestiones suelen responder en todas las secciones al fraseo de un determinado pasaje; y qué bonito es dirigir no solo el compás, sino las frases, la música en general, y que tu gesto se sume a esa sincronía con la orquesta y cada detalle se deje llevar y fluir por todo lo que suponga acompañar, conducir y guiar en la interpretación musical.

La PNL (Programación Neurolingüística) nos regala en este sentido el concepto de *rapport*, que se produce cuando nuestro interlocutor o compañero en la orquesta ha conectado tanto con nosotros y está tan a gusto que sus neuronas espejo comienzan a «imitar» nuestros movimientos.

En función de la música vamos adaptando y variando nuestro sistema representacional (gestos, respiración, *tempo*, etc.), y al modificar ligeramente nuestro propio movimiento el compañero nos acompaña. En ese instante podemos decir que comenzamos a liderar.

La música, sin duda alguna, «nos enseña a aprender a escuchar». Toco en función de lo que siento y escucho.

Cuando voy a ensayar con una orquesta sinfónica por primera vez, tras un intenso estudio de la partitura, del compositor y del contexto social e histórico en que fue compuesta, siempre anoto en la partitura qué indicaciones le daré a la orquesta para que suene y hagamos la interpretación como tengo imaginada. Cuando comienza el ensayo, y a través de la escucha, voy adaptando esas indicaciones a la respuesta sonora que recibo.

Igualmente traslado estas consideraciones a los compañeros de la orquesta. Por ejemplo, las violas deben tocar un determinado pasaje con el mismo fraseo e intención con que fue tocado con anterioridad por los violines primeros, o determinado soporte armónico de una sección debe acompañar y realzar la melodía principal de un solista o sección sin taparla, etc.

En muchas ocasiones hemos escuchado decir a algunas personas que no tienen oído para la música. Pueden tener parte de razón, pero el oído se va educando y mejorando.

Nuestro día a día está lleno de detalles en los que, sin ser muy conscientes de ello, el oído nos transmite una información fundamental: cuando conducimos un coche cambiamos de marcha al oír la información que nos envía el motor, cuando hablamos con alguien por primera vez podríamos adivinar de qué parte de España o del mundo es por su entonación, y por ejemplo, cuando hablamos con un familiar por teléfono, simplemente por el tono de sus palabras podemos saber si ha tenido un buen día o no, si está más alegre o triste...

Les contaré una experiencia personal para que vean cómo el oído no deja de evolucionar. Cuando chaval era el organista de la basílica de mi pueblo, Aspe. En muchas ocasiones venían cantantes que me pedían si les podía transportar una determinada pieza a su tesitura para que la pudieran cantar. Ponía cara de interesante y de tenerlo todo bajo control y lo único que hacía era tocar igual, pero accionaba unos transpositores que tenía el órgano para que sonara en la tonalidad requerida por el cantante. Podía tocar una música y que sonara en otra tonalidad. Hoy en día eso me resulta imposible. Cuando acompaño a un cantante tengo que transportar de verdad, porque no puedo tocar unas notas y que estén sonando otras. Mi cerebro tiene interiorizada una nota escrita o tocada con un sonido determinado.

Para tener una verdadera escucha activa es muy importante el silencio, para escuchar a los demás y a nosotros mismos.

Siempre se ha dicho que la música es el arte de combinar los sonidos en el tiempo. A mí me gusta añadir que es el arte de combinar los sonidos «y el silencio» en el tiempo. ¡Qué importante es el silencio!

En muchas ocasiones se valora el éxito de una actuación por la ovación o la duración de los aplausos del público tras la interpretación. Les aseguro que el silencio producido en una sala en muchas ocasiones puede ser más conmovedor que el mayor de los aplausos.

La *6ª sinfonía «Patética» en si menor op.74*, de P. I. Tchaikovsky transmite un sentimiento y una emocionalidad inmensa, pues de alguna manera esta sinfonía representa su despedida vital de este mundo. El compositor dirigió el estreno en San Petersburgo el 28 de octubre de ese 1893, nueve días antes de su muerte. El subtítulo de *Patética* no es del propio Tchaikovsky; fue sugerido por su hermano menor Modest y la palabra rusa que utilizó fue *patetícheskaya*, que significa «apasionada» o «emotiva». La obra ha provocado comentarios muy diversos, también por razones que no son estrictamente musicales, puesto que una semana después del estreno el compositor agonizaba durante una epidemia de cólera en San Petersburgo. La interpretación más conocida de la obra habla de una retrospectiva autobiográfica que desemboca en un «réquiem» para sí mismo, resultante de una premonición que el compositor habría tenido acerca de su cercano final.

En el final de la sinfonía las cuerdas van haciendo un motivo descendente hasta que los violoncellos en *divisi* mantienen una nota tenida *pianissimo* (*pppp*), mientras los contrabajos, también en *pianissimo,* tocan unos *pizzicatos* que vienen a representar los últimos latidos del corazón de Tchaikovsky. Cuando finaliza la música, cuando acaba el sonido, da la sensación de que también nos ha dejado Tchaikovsky. Vamos escuchando el sonido y apagándolo con la mano hasta que la última resonancia parece que ha abandonado la sala. El silencio y la conmoción de ese momento tienen una fuerza mayor que cualquiera de las ovaciones.

Al respecto de la importancia de la escucha activa les contaré otra anécdota que fue muy reveladora para mí:

La primera vez que dirigí esta sinfonía siendo yo muy joven, llegado a ese momento final fui cerrando poco a poco el puño de mi mano izquierda delante del pecho de una manera recogida y muy sentida, apagando también el sonido final. Durante una conversación con el primer violoncello de la orquesta tras el concierto advertí que si en las representaciones yo cerraba la mano con todo ese sentimiento de manera recogida y delante del pecho los músicos me iban a entender muy bien y tocarían con ese sentimiento que yo quería transmitir, pero que si además sacaba el puño hacia la izquierda y lo hacía visible para todo el mundo apagaría el sonido, no solo para la orquesta, sino que transmitiría con más fuerza ese sentimiento a todo el auditorio, compartiendo esa sensación con todo el público de una manera más directa. De ahí la importancia de ver el gesto, la actitud, y escuchar y valorar muy mucho las propuestas e iniciativas que otros compañeros músicos puedan trasladar. Siempre con la mente abierta y de aprendiz continuo.

Otro ejemplo fantástico de la importancia del silencio en la música se nos presenta en el comienzo de la *Quinta sinfonía en do menor* de L.V. Beethoven. Tal vez el motivo de cuatro notas más reconocible de la historia de la música: «sol-sol-sol-mi*b*». Quienes no tienen conocimientos musicales o no han visto la partitura, al comienzo de la obra escuchan únicamente la fuerza de esas cuatro notas. Pero antes de esas cuatro notas ¡hay un silencio! ¡Un silencio de corchea!

Dependiendo de la fuerza, la energía y el carácter con la que los directores marquemos ese silencio así será el sonido resultante de la orquesta.

La obra musical que está más relacionada con el silencio tal vez sea *4'33"*, del compositor John Cage. Es una obra en tres movimientos compuesta en 1952. La pieza puede ser interpretada por cualquier instrumento o conjunto de instrumentos. En la partitura, con una única palabra, *tacet*, se le indica al intérprete que ha de guardar silencio y no tocar su instrumento durante cuatro minutos y treinta y tres segundos. Aunque comúnmente se estima que se trata de «cuatro minutos y treinta y tres segundos de silencio», algunos teóricos de las vanguardias musicales consideran que el material sonoro de la obra lo componen los ruidos ambientales que escucha el espectador durante ese tiempo.

La pieza es también la afirmación de la inexistencia de silencio absoluto, pues durante esos cuatro minutos y treinta y tres segundos siempre habrá algún sonido que formará parte de la pieza.

Durante el tiempo que dura la «interpretación», los oyentes agudizamos el oído y buscamos todos esos sonidos casi imperceptibles de nuestro alrededor, sonidos sutiles y tenues generados sin querer por la gente que nos rodea (respiraciones, suspiros, gruñidos), por la materia inerte del mobiliario (el susurro del aire acondicionado, el ventilador que gira, crujido de sillas...), o incluso los sonidos del exterior del auditorio (pasos de gente por la calle, tráfico rodado, murmullo de la brisa entre los árboles, lluvia, el canto de un pájaro...). John Cage nos invita a que demos importancia al silencio, a que le prestemos atención, y el azar determinará en cada momento lo que escuchamos. Aquí, como en la mayoría de sus obras, la idea, el concepto, es más importante que la composición en sí.

Tema B

La música es una disciplina que se desarrolla en un plano intelectual y se materializa en uno físico por medio de un acto en el que un músico emite una serie de sonidos armoniosos a través de su propia voz o de un instrumento musical. Esta regla se cumple tanto en el ámbito individual –un único intérprete cantando o tocando en solitario– como en el colectivo –cuando lo hace integrado en un dúo, un trío, un cuarteto, un conjunto, una banda, un grupo, un coro, una orquesta o con amigos y una guitarra alrededor de una hoguera en la playa–. Sin embargo, en esta última dimensión de la música, en la colectiva, su éxito requiere de otras habilidades cognitivas que trascienden los conocimientos de solfeo o la pericia técnica con un instrumento. Dicho de otra forma: para que la música en grupo suene como debe sonar se necesita un condimento extra sin el cual esa interpretación colectiva será un desastre. Se necesita sintonía.

La sintonía es una conexión profunda y trascendente por medio de la cual los cerebros de dos o más personas de alguna manera se emparejan en una frecuencia común como lo harían dos dispositivos electrónicos a través de *bluetooth*. Es el tipo de «química» que, por ejemplo, a menudo se da entre los jugadores de un equipo de fútbol o de baloncesto, cuando parecen adivinar hacia dónde se va a mover su compañero antes de pasarle el balón. Se conoce como efecto *rapport*, un término ya mencionado y que proviene de la psicología y utilizado para referirse a la técnica de crear una conexión con otra persona, para que ambas se comuniquen con menos resistencias, de una forma que se centra más en lo que las une que en lo que las separa, y no solo por empatía, sino por la propia predisposición sintónica entre las personas.

En neurociencias se le llama resonancia límbica.

Ese tipo de entendimiento mutuo suele darse al cabo del tiempo y tras cientos de horas de práctica y entrenamientos juntos. Se produce en todo tipo de actividades en las que la coordinación resulta esencial (piloto-copiloto, dibujante-guionista, director-actor, médicos, policías, militares, bailarines, nadadoras sincronizadas, mecánicos de Fórmula 1, trapecistas, parejas cómicas...), y llegar a alcanzarlo proporciona unas más que evidentes ventajas en cuanto a desempeño profesional.

La música es una de las disciplinas en las que este tipo de sintonía o sincronía casi perfecta tiene unos efectos más visibles y espectaculares. Y tal vez por ello sea también una de las más estudiadas. La ciencia ha llegado al convencimiento de que los músicos son capaces de alcanzar la sincronía perfecta gracias a que nuestro cerebro posee las llamados neuronas espejo, que le permiten adaptarse a un determinado ritmo o sumarse a una melodía.

Distintos trabajos realizados a lo largo de los años por diferentes equipos de investigadores han llegado a conclusiones similares: cuando varios músicos ejecutan una pieza al unísono, la actividad de sus ondas cerebrales se sincroniza. Una conexión neuronal que se produce incluso cuando no están tocando exactamente las mismas notas, sino que cada uno desarrolla distintas voces dentro de la pieza.

Recientemente, investigadores chinos de la Universidad de Shanghái han llegado más lejos en sus averiguaciones al descubrir que la sincronía en la música no afecta únicamente a los propios músicos, sino también al público que los escucha. Su experimento demostró que en los cerebros de intérpretes y audiencia se activan simultáneamente las mismas neuronas durante un concierto, para lo cual escanearon la actividad cerebral de un violinista mientras tocaba una pieza y la compararon con la de voluntarios que escuchaban su interpretación.

La capacidad de sintonizar con las personas que tenemos a nuestro alrededor y de actuar sincrónicamente con ellas es de gran utilidad en todos los órdenes de la vida. Pero la razón por la cual a los músicos se les da especialmente bien es porque ellos han desarrollado mucho una habilidad que la mayoría de las personas infrautiliza e incluso tiene un tanto atrofiada: la escucha.

En la música la capacidad de escucha es fundamental, ya que es la herramienta que permite a los intérpretes tomarle el pulso en tiempo real a la interpretación. En una orquesta, un músico no solo se escucha a sí mismo interpretando sus pasajes, sino que también escucha a sus compañeros progresando con los suyos, y de ese proceso de mutua retroalimentación surgen innumerables oportunidades de creación colectiva.

La capacidad de escucha —de verdadera escucha—, sin embargo, no está tan extendida en otros ámbitos de la vida como lo está en el de la música. Y es una lástima, porque con ella se podrían solucionar muchos de los conflictos y malentendidos que se producen entre las personas.

Con frecuencia recuerdo en mis charlas y escritos que hablar es una necesidad, pero escuchar es un verdadero arte. Y es que cuando hablamos lo único que estamos haciendo es repetir algo que ya sabemos, así que poco crecimiento cabe esperar de ese acto. Es cuando escuchamos cuando se abren ante nosotros las verdaderas oportunidades, porque al abrir los oídos siempre tenemos la posibilidad de aprender algo nuevo. Y no solo es importante escuchar el sonido, sino también los silencios. En música vale lo mismo una semicorchea que un silencio de semicorchea.

Por desgracia, se trata de un arte que muy pocos dominan. Y hasta cierto punto es lógico que sea así, ya que nuestro cerebro no está biológicamente diseñado para escuchar. No quiere ser engañado, y uno de los mecanismos que pone en funcionamiento para protegerse es cerrar los conductos de escucha. Por otro lado, también se sabe que hablar es una actividad cognitiva que activa zonas del cerebro relacionadas con el placer, por lo que no resulta raro que prefiramos escucharnos a nosotros mismos antes que a los demás.

¿Por qué es tan importante la escucha? Hablamos para ser escuchados, para que se reconozca nuestro lugar en el mundo. Por esa razón, no hay nada más frustrante para una persona que no sentirse escuchada, ni nada más desalentador que tener la sensación de estar predicando en el desierto.

¿Por qué tenemos frecuentemente esa desagradable sensación? Uno de los problemas es que pensamos que sabemos escuchar cuando en realidad no sabemos. Y es que la escucha —insisto, la verdadera escucha—, contrariamente a la creencia general no es una función pasiva, sino que debe acometerse desde una actitud activa; requiere esfuerzo y concentración por parte del escuchante.

También implica ponerse más en la piel del interlocutor que en la propia. Una de las razones por la que solemos fallar en nuestra capacidad de escucha es que escuchamos para responder, como en el diálogo de una película o una obra de teatro. Alguien nos cuenta algo e inmediatamente le damos la réplica, como si fuera obligatorio tapar el eco de su voz con la nuestra. Pero muy pocas veces escuchamos para comprender a la persona que tenemos enfrente.

Cuando una persona nos está contando algo que le ha sucedido, un problema en el trabajo, una discusión con su pareja o la llegada de una multa de Hacienda, inconscientemente tendemos a recoger esa información y reinterpretarla en base a nuestra propia circunstancia. Es decir, de algún modo nos apropiamos de esa historia y la reescribimos desde nuestra posición (lo que nos pasó a nosotros cuando tuvimos un encontronazo con nuestro jefe, nos mandaron a dormir al sofá o nos llegó la notificación de una inspección paralela). Y ese reflejo «robado» es el que le devolvemos a nuestro interlocutor. El problema es que desde ahí es muy difícil «ver» al otro.

En mi libro *¿Cómo entrenar la mente? Y aprender de forma exponencial* dedico un capítulo completo a la escucha. Allí recuerdo que hay cuatro niveles de escucha.

El nivel básico corresponde a lo que yo llamo «escucha de descarga», y que va poco más allá de la facultad biológica de oír. Este tipo de escucha es la que ignora al interlocutor; está totalmente centrada en uno mismo y condicionada por los propios juicios de valor.

El siguiente estadio es la «escucha factual». En esta el escuchante actúa como si fuera un observador externo neutral. Es una escucha que ya implica una actitud activa y abierta a recibir la información como algo nuevo. Hay predisposición a dejarse sorprender y aprender.

Un paso más allá se encuentra la «escucha empática», en la que el escuchante no solo abre su mente, sino también el corazón. Como la factual, la escucha empática también brinda acceso a conocer aquello que no se sabía, pero con la ventaja adicional de que permite hacerlo desde el punto de vista de quien nos lo cuenta. La escucha empática suspende, al menos durante un tiempo, cualquier tipo de juicio de valor, dándole a nuestro interlocutor el beneficio de la razón —de «su razón»— mientras nos la está trasladando. Permite recoger «intactas» las ideas de la otra persona, resumirlas y hasta reformularlas con sus propios argumentos antes incluso de llegar a expresar los nuestros. Y tiene otro poderoso efecto sobre la eficacia del acto de comunicación: proyecta respeto y consideración hacia la otra persona.

El último escalón de esta pirámide de la escucha es la «escucha generativa». Sin duda es la más difícil de poner en práctica y aquella que requiere mayor esfuerzo, habilidad y entrenamiento. Pero también es el tipo de escucha que aporta mayor valor a una situación de intercambio de información. La escucha generativa es, precisamente, la que ponen en práctica los músicos cuando tocan juntos. Su objetivo es generar un nuevo valor a la conversación que enriquezca los puntos de vista expresados con elementos inéditos y conecte con el futuro.

La escucha generativa es la que permite a los intervinientes en la comunicación alcanzar un estado de comunión desde el cual construir cosas nuevas.

Es una de las vías más directas que existen para llegar a sintonizar con las personas, incluso con aquellas con las que inicialmente pensamos que no tenemos nada que ver.

El estado de sintonía implica un acto de comunicación recíproco, generoso y de puertas abiertas, en el que todos los participantes en la misma dan y reciben algo. Y ese proceso pasa necesariamente por saber escuchar. Algo que, como ya hemos señalado, es mucho más difícil de lo que parece. Requiere de entrenamiento y también la aplicación consciente de una serie técnicas que pueden resultar de gran ayuda. Algunas de esas técnicas las recojo en el libro que he mencionado anteriormente. A modo de resumen, son estas:

- Utiliza el lenguaje no verbal. Mantener el contacto visual o asentir mientras escuchamos es una forma de transmitirle a nuestro interlocutor que nos importa lo que nos está diciendo y que cuenta con toda nuestra atención. Aunque tan importante como activar esa gestualidad es hacerlo con sinceridad. No se trata de realizar una serie de movimientos como un autómata para cumplir el expediente.

- No hagas otras cosas mientras te hablan. Parece una obviedad, pero resulta sorprendente la cantidad de veces que las personas siguen mirando su teléfono móvil o su ordenador mientras nos dirigimos a ellas. Incluso no dudan en aporrear su teclado mientras se supone que nos están escuchando.

- No interrumpas. Aunque lo hagas con la intención de aportar información que crees relevante, debes resistir la tentación de interrumpir, porque así solo conseguirás incomodar y hacer que tu interlocutor pierda el hilo de lo que estaba diciendo. Si tienes algo que objetar o puntualizar, espera a que la otra persona termine de hablar.

- Haz preguntas. Las preguntas, especialmente las abiertas, permiten avanzar, desarrollar y abrir nuevos caminos al argumento de partida. Por supuesto, hazlas sin interrumpir.

- No tengas prisa por tener razón. Muchas veces no estarás de acuerdo con la opinión de la otra persona, pero no te apresures a quitársela. Olvídate —al menos durante un tiempo— de tus propios juicios y opiniones. Ya habrá tiempo de expresarlos. Práctica la escucha empática y generativa para retrasar el juicio y tratar de aportar valor a esa divergencia... Eso por no mencionar el hecho de que lo de tener razón está en general bastante sobrevalorado.

Como ya hemos visto, la sintonía no es una facultad exclusiva de la música, sino que aporta equilibrio y da sentido a numerosos aspectos de la vida. Nos permite, por ejemplo, conectar íntimamente con otras personas y situarnos, como dicen los anglosajones, *in the same page* («en la misma página»), gracias sobre todo a ese último estadio de la escucha que constituye la escucha generativa.

Pero la sintonía no solo nos faculta para relacionarnos con nuestros semejantes, sino que en ese dial imaginario que constituye nuestra existencia hay muchos otros canales que es necesario sintonizar para vivirla de un modo pleno. Porque si no somos capaces de encontrar esas emisoras, lo único que escucharemos es un desagradable zumbido, como la estática de una radio que ha perdido el rumbo.

La sintonía nos permite encontrar esos canales imprescindibles para la vida y alinearnos con ellos.

Estas son algunas de esas emisoras que más deberíamos frecuentar:

- **Sintonía con tus propósitos.** Todos necesitamos darle un propósito o sentido último a nuestra vida. Un viajero siempre necesita un destino, un final de trayecto en el extremo de una línea roja trazada sobre un mapa. Una meta que encamine sus pasos, aunque luego el camino pueda llevarlo por otros. Porque es el camino y no la meta, no lo olvidemos, lo que nos proporciona felicidad, pero sin la segunda no es posible iniciar el primero.

  Los seres humanos necesitamos saber que nuestro paso por la vida no es meramente accidental o no va a servir para nada. Necesitamos trascender.

No, no se trata de descubrir la penicilina o ser el primer humano que pisa la luna; hace tiempo que se nos adelantaron en esos logros, y, además, no hace falta llegar tan lejos. Basta con encontrar un sentido último a nuestros actos, algo que nos indique cuál es nuestro lugar en el mundo, algo que nos permita exclamar al final del camino: «Ha merecido la pena».

Para unos su propósito será hacer bien a los demás; para otros tener una carrera exitosa; contribuir al desarrollo de una disciplina, de la sociedad, de una nación, conocer el mundo, crear una familia... Cada cual tendrá el suyo propio; lo importante es encontrarlo. Unos tardarán más, otros menos, y puede que incluso haya quien lo cambie por el camino, pero lo que resulta fundamental es identificarlo. Porque el propósito es como el faro en la costa iluminando la noche a los barcos. Nos marca el camino, evita que nos desviemos del objetivo y nos impide encallar, o incluso hundirnos.

La sintonía es el elemento que nos facilita conectar íntimamente con nuestro propósito de vida y avanzar hacia su consecución sin importar las dificultades o distracciones que surjan durante la travesía. Vivir en sintonía con nuestro propósito implica que todos nuestros actos y decisiones están alineadas con el mismo, lo que contribuye a dar coherencia y sentido a nuestra existencia.

- **Sintonía con los valores.** Tener una meta es importante y el motor que impulsa nuestros actos. Pero en ese trayecto no todo vale. El fin no justifica los medios. Existen unas reglas del juego, y para que esas reglas sean realmente efectivas y nos comportemos conforme a su cumplimiento debemos ser nosotros mismos quienes las tracemos. Los valores son esas líneas rojas que nos marcamos, una impronta que determina nuestra forma de conducirnos por el mundo y nos hace reconocibles ante nosotros mismos y los demás.

Si el propósito es el destino de nuestro viaje, los valores son el código de circulación. Y también la guía de carreteras que nos sirve para escoger un itinerario entre varios propuestos para llegar al objetivo... aunque a veces el trayecto elegido pueda ser el más largo y duro.

Existen una serie de valores universales con los que es fácil identificarse. Valores como respeto, compromiso, honestidad, tolerancia, profesionalidad, empatía... Sin embargo, de nuevo, la lista es amplia y cada cual elige aquellos que mejor se adaptan a su personalidad y la manera en que quiere vivir su vida.

Sintonizar con los propios valores significa imbuirlos en todo lo que hacemos, elegir unos códigos de vida y desechar otros. Dar una pátina de coherencia a nuestros actos y definir con mayor nitidez ese sentido último de la propia existencia que comenzamos a trazar con el propósito.

- **Sintonía con tu verdad.** El propósito y los valores conforman un *pack* indivisible compuesto por una serie de elementos que encajan entre sí y cobran pleno sentido juntos. Hacer el bien mostrando compasión, generosidad y empatía por nuestros semejantes; tener una carrera exitosa a través la profesionalidad, el esfuerzo y la confianza que generamos entre quienes trabajan con nosotros; hacer una aportación significativa a la ciencia por medio del tesón, el rigor y la paciencia.

  Pero esos «combos virtuosos», que parecen sacados de una de esas *smart boxes* de experiencias que venden en los centros comerciales, no son suficientes por sí mismos. Necesitamos dotar a ese *pack* de un elemento más sin el cual perderían buena parte del sentido que en teoría poseen. Necesitamos hacerlos nuestros. En otras palabras, necesitamos creérnoslos.

Para ello es preciso que los «saquemos de la caja» y «customicemos» a nuestra imagen y semejanza. Ahí entran todo tipo de matices, graduaciones, excepciones, deseos y creencias que forman parte de la propia personalidad y con los que también es imprescindible sintonizar.

- **Sintonía con lo que amas hacer.** La profesional es una de las parcelas a las que mayor tiempo dedicamos, y también, en muchos casos, una poderosa vía –aunque ni mucho menos la única– para expresar nuestro propósito de vida. La parcela profesional tiene la ventaja sobre otras de que es eminentemente práctica, es decir, que se apoya en el hacer, en materializar en actos palpables nuestra huella por el mundo.

  Por esa razón, la sintonía es especialmente importante en esta dimensión profesional, ya que si no estamos perfectamente alineados con lo que hacemos para ganarnos la vida –y no en un sentido puramente pecuniario–, si no somos capaces de amar nuestro trabajo, es difícil que lleguemos muy lejos en ninguna aventura que decidamos emprender. Sintonizar con la propia profesión es lo que nos lleva a entrar en eso que algunos expertos llaman «flujo», y que no es otra cosa que una especie de camino de baldosas amarillas que parece materializarse ante nuestros ojos y que, como a Dorothy en *El mago de Oz*, nos conduce hacia la meta sin importar el esfuerzo que requiera o las dificultades que tengamos que superar.

- **Sintonía con la vida.** Existe una parcela más, que en realidad las engloba a todas, en las que la sintonía es un aliado imprescindible. Y es cómo somos capaces de ayudar a los demás a alcanzar su propia sintonía, cómo actuamos de antenas y repetidores en las cuales la señal quede amplificada y llegue a quienes nos rodean para aportar mayor equilibrio a sus vidas.

Y lo mejor de todo es que no precisamos de un complejo mecanismo ni de sofisticados dispositivos para lograrlo. Basta con desplegar eso que algunos llaman «buena vibra», y que no es otra cosa que una actitud positiva ante la vida y ante los demás. Una manera de comportarnos plenamente consciente de la realidad y abierta a las necesidades de quienes nos rodean. La «buena vibra» es un sentimiento contagioso que se transmite a través de una sonrisa, de un abrazo, de una palabra amable y de una forma de mirar el mundo abierta, valiente y plenamente sintonizada.

Fusión sintónica

 Practica el *rapport*.

 **Decide con quién quieres sonar, es decir con quién quieres relacionarte.**

 **No tengas duda de que tu vida depende de las relaciones que tengas. Así que elígelas bien y cuídalas mejor. Intenta dedicarte a hacer lo que amas; sintonizarás mejor en el trabajo y en todas las demás facetas de tu vida. Tus instrumentos sonarán mejor. Y serás más feliz...**

 **Sintonizar requiere de propósitos... y, en muchos casos, compartidos.**

SOL M

SOL m

MODO

Tema A

¿Qué es lo que hace que una música nos evoque una época determinada, tenga la capacidad de transportarnos a un lugar diferente o provoque en el oyente diferentes estados de ánimo?

Junto con conceptos como el ritmo, el timbre, el color, los instrumentos utilizados propios de cada lugar y otras consideraciones, el modo en el que esté compuesta una determinada obra musical es fundamental.

Los modos hacen referencia esencialmente al tipo de escalas utilizadas en una composición. Como saben, una escala es simplemente la manera de dividir la distancia entre una nota y la misma nota repetida una octava más aguda. Igualmente, el modo se identifica con las reglas compositivas de la melodía usadas en los sistemas musicales antiguos, especialmente los «modos medievales» utilizados en los cantos llanos (como el canto gregoriano). También puede utilizarse para designar a los «modos griegos», escalas descendentes del sistema musical de la antigua Grecia. En un sentido más amplio engloba también las ordenaciones de alturas (intervalos) empleadas en la música folclórica, étnica y la proveniente de culturas no europeas.

En el sistema tonal, de las escalas mayor y menor se derivan el modo mayor y menor (do mayor, do menor, re mayor, re menor, etc.). De una manera muy general diríamos que la música escrita en modo mayor nos transmite alegría, entusiasmo, energía, júbilo... y el modo menor melancolía, tristeza, nostalgia, etc., aunque estas sensaciones experimentadas por el oyente y el intérprete siempre son muy relativas y subjetivas. Lo que sí es cierto es que el modo en que esté escrita una obra musical nos removerá unas sensaciones internas u otras, reflejará un carácter u otro.

Partiendo de la nota do, la escala mayor estará conformada por do, re, mi, fa, sol, la, si, do, y la escala menor por do, re, mi*b*, fa, sol, lab, si(*b*) y do. Respetando esas distancias interválicas podemos extrapolarlas a otras notas de comienzo y tendremos todas las escalas mayor y menor.

La principal diferencia entre las escalas mayor y menor está en el tercer grado de la escala, que en la escala menor es medio tono más grave.

Un ejemplo sobrecogedor del modo mayor y menor lo encontramos en el *Lacrimosa* del *Requiem en re menor* de Mozart. Se dice que el *Lacrimosa* es lo último que escribió antes de su muerte. Comienza en re menor (una tonalidad usada por Mozart ya en su ópera *Don Giovanni* para representar la muerte en el momento en que el comendador viene a buscar a don Juan), donde incluso podemos escuchar en los primeros violines figuras sollozantes que representan el llanto. Ese re menor presente durante todo el movimiento simboliza lo triste y lo melancólico, como el final de la vida. Sin embargo, Mozart entendía la muerte como un descanso (réquiem) y también el comienzo de un nuevo viaje. Consideraba la vida y la muerte como algo cíclico, donde la muerte no es el final sino el principio de una vida nueva. Así, cuando llega al acorde final del *Lacrimosa*, «*Amen*» (que así sea), en lugar de re menor utiliza un re mayor luminoso y esperanzador.

Estas dos escalas —mayor y menor— son modos que los compositores de la música occidental han utilizado casi de forma exclusiva, pero son dos modos más dentro de un gran número de modos posibles. Hay muchas obras musicales basadas en modos griegos a las cuales llamamos música modal.

....

Los invito a escuchar *Fêtes* (fiestas), que corresponde al segundo movimiento del tríptico sinfónico *Nocturnos* del genial compositor francés Claude Debussy. En ella se refleja una atmósfera vibrante con repentinos fogonazos de luz. Se escucha una procesión que se entremezcla con un ambiente festivo lleno de música y fuegos artificiales. Es una obra modal muy emocionante que no está inspirada por modos ni mayores ni menores sino en modos griegos.

....

Aunque la mayoría de los modos toman el nombre de lugares de la Antigua Grecia (las ciudades-estado de los dorios, jonios y eolios, así como las colonias lidias y frigias), existen diversidad de opiniones teóricas sobre si los modos griegos provienen de la Antigua Grecia o del término «modos gregorianos», que realmente hace referencia al papa Gregorio y la práctica del canto gregoriano o canto llano. Esta última práctica es más cercana a los modos que conocemos, aunque usados únicamente de una forma melódica. En cualquier caso, los modos griegos con el tiempo pasaron por Roma, de donde la Iglesia romana los tomó de una forma un tanto distinta durante la Edad Media. Pero la Iglesia mantuvo los antiguos nombres griegos para los modos: dórico, frigio, lidio, mixolidio, eolio, locrio y jónico.

Como modelo y para entender cada uno de los modos podríamos establecer las siguientes escalas utilizando notas naturales (notas blancas del piano):

- Jónico (escala mayor): de do a do'
- Dórico o Dorio: de re a re'
- Frigio: de mi a mi'
- Lidio: de fa a fa'
- Mixolidio: de sol a sol'
- Eolio o eólico: de la a la'
- Locrio: de si a si'

Estos modos, más allá de los citados mayor y menor, nos van a crear unos ambientes, unas atmósferas y unas sensaciones diferentes dándole a la música un cierto aire antiguo primitivo, mágico, intemporal y casi oriental. Así, los modos jónico y dórico generan un ambiente brillante, edificante y alegre; el modo frigio un color más oscuro y tenso que una escala menor; el modo lidio es muy celestial y brillante; el modo mixolidio genera un ambiente más suave y nostálgico; el modo eólico es más triste y opresivo; y el locrio un sonido más inestable y tenso. Aunque, como hemos dicho, estas sensaciones son muy subjetivas y podrían sugerir diferentes efectos en el oyente.

Los modos griegos se han utilizado por compositores como Debussy, Sibelius, Hindemith, Falla, Chopin, Stravinsky y otros muchos y también están muy presentes en canciones de música *pop, rock, jazz,* folclore, etc.

....

Los invito a escuchar obras de compositores clásicos y canciones de diferentes estilos que han utilizado estos modos en sus músicas:

- Modo dórico: *Finlandia* (poema sinfónico de J. Sibelius), *Get Lucky* (Daft Punk), o *Eleanor Rigby* (The Beatles).

- Modo frigio: *Segunda rapsodia húngara* (F. Liszt), *London Calling* (The Clash).

- Modo mixolidio: tercer movimiento de *Scheherezade* (N. R. Kórsakov), segundo movimiento de la *4ª Sinfonía* (J. Brahms), *All Right Now* (Free).

- Modo lidio: comienzo (solo de flautín) de la *suite El teniente Kije* (S. Prokófiev), aria «*Queenie' Song*» de la ópera *The*

Second Hurricane (A. Copland). En el *Cuarteto de cuerda en la menor. Op 132* de Beethoven, el movimiento *adagio* se subtitula «*Canción de gracias a Dios de un convaleciente»*, en el modo lidio. La polonesa del tercer acto de la ópera *Borís Godunov* (M. Músorgski).

- Modo mixolidio: lo encontramos en numerosas piezas de jazz, música afrocubana y *rock'n'roll,* como por ejemplo *Hanky-Panky* (Jeff Barry y Ellie Greenwich), *You Really Got Me* (The Kinks), *Norwegian Wood* (The Beatles) o el preludio para piano de *La catedral sumergida* (Debussy).

- El modo eolio es prácticamente como nuestra escala menor natural y se utiliza en muchas ocasiones para crear lo que llamamos la cadencia del *Amén* (por ejemplo, enlazando un acorde de mi menor con otro de la menor como conclusión de la obra).

- El modo locrio es el menos utilizado, ya que comporta un sonido algo raro y poco reconfortante. No da una sensación de reposo conclusivo porque el acorde que se construye sobre su nota fundamental es muy inestable.

....

En nuestro concierto-conferencia *El mensaje de la música,* que compartimos con el público, en tono jocoso les comentamos que Fernando es un músico experto en música oriental y nos lo va a demostrar haciendo una interpretación al piano. El «truco» es que Fernando siempre toca las teclas negras, mientras yo le hago un acompañamiento. Las distancias interválicas que nos dan las notas negras del piano son las resultantes de la escala pentatónica, que siempre nos transmitirá un aire y un ambiente oriental (¡haced la prueba en casa!).

Una vez comentada de manera general lo que es un modo, es igualmente importante el «modo» en que actuamos, en que interpretamos. La técnica es un medio, pero no debiera ser un fin en sí mismo. ¿Qué es dirigir si no emocionar y transmitir con toda la pasión con que nos inunda la música, aquello que escribió el compositor para ser compartido con el público? Los directores de orquesta somos vehículos, transmisores a través del gesto de la idea o mensaje musical del autor. Durante una conversación con Fasur, un buen amigo mío y estupendo cantante, hablábamos de otros cantantes y, más allá de las cuestiones técnicas, agilidades y tesituras, la conversación giró hacia los cantantes que «nos emocionan».

El modo en que dirigimos o interpretamos es tan importante como el modo en el que interactuamos con nuestros compañeros músicos. La empatía y el trato con el otro, con el grupo, con la orquesta, ¡también suena!

En los cursos de dirección, entre otras muchas cosas se enseña a los estudiantes a saber dar una buena entrada técnicamente a una sección o a un solista, pero el modo en que demos esa entrada por ejemplo a un músico que va a interpretar un solo es igualmente importante. Darle la entrada más allá del gesto con una mirada amable, cómplice e invitándole a hacernos disfrutar de su pasaje hará que el músico toque más relajado, menos tensionado, confiado y disfrutando del bello arte de compartir música juntos.

El modo, la actitud con la que ensayamos, dirigimos y vivimos la música con nuestros compañeros es fundamental. ¿Y si dirigiéramos siempre en «modo mayor» ¡con una actitud positiva, alegre, jubilosa y de disfrute por compartir música juntos!?

Un aspecto relacionado en la vida con el modo, con la manera, con la forma de dirigir es el estilo.

La música está llena de estilos diferentes: música clásica (periodo renacentista, barroco, clásico, romántico, moderno, siglo XX, música contemporánea...) *rock*, *pop*, *heavy*, *jazz*, flamenco, *rap*, folclore, y muchísimos más. Todos los estilos son maravillosos, todos se nutren unos de otros, se complementan, y esa maravillosa diversidad y en muchas ocasiones fusión de estilos nos enseña y hace ver que lo diferente enriquece.

Si nos fijamos en los grandes maestros, todos ellos tenían y tienen su propio estilo, su propia personalidad. Siempre he pensado que es muy bueno estudiarlos y aprender de su sabiduría y de las cuestiones técnicas de la dirección y pensar qué aspectos o ideas suyas son aplicables y útiles para nuestro propio crecimiento como directores, pero siempre conservando nuestra propia esencia, personalidad y estilo.

Tema B

La vida está compuesta de una serie de acontecimientos que vienen determinados por una combinación de elementos. Factores como origen, capacidad, talento, decisiones, suerte o casualidad son introducidos en una coctelera, convenientemente agitados, y arrojan como resultado un brebaje –la propia vida– cuyo buen o mal sabor depende casi siempre de pequeños detalles. Sutiles diferencias, a veces casi imperceptibles, en la cantidad añadida de un determinado ingrediente o la temperatura a la que estaba el vaso cuando se sirvió la bebida marcan grandes diferencias en el destino que nos aguarda a cada uno de nosotros.

En la música esos pequeños detalles también marcan el resultado de una interpretación. El uso de los modos es, de hecho, uno de los recursos de los que se valen los músicos para dotar de intencionalidad sentimental a sus composiciones. Una herramienta que ayudará a la pieza transmita una determinada emoción a quien la escuche.

De la misma manera que el músico deliberadamente puede elegir el efecto que provoque su música en el estado de ánimo escogiendo el modo en que se relacionan las notas en la partitura, nosotros también podemos determinar, hasta un cierto grado, el tipo de emoción que gobierna los acontecimientos de nuestra vida. Nunca vamos a poder escoger lo que saldrá de la coctelera, porque parte de esos ingredientes escapa a nuestro control, pero sí estamos en disposición de elegir el tipo de actitud con la que nos tomaremos esa bebida. Y aunque la partitura nos va a venir en buena medida dada, siempre podremos reservarnos la potestad de decidir si queremos tocarla en modo mayor o en modo menor.

En medicina se suele decir que en la actitud con la que un paciente de una enfermedad grave se enfrenta a su dolencia están buena parte sus opciones de recuperación. La inteligencia emocional es la herramienta que nos permite modular el tipo de escala que rige nuestros propios pensamientos, la manera de tomarnos los sucesos de nuestra vida. Y, puestos a elegir, yo me inclino por tomarlos en modo mayor y no en modo menor, porque ese modo diferente de hacerlo nos va a permitir vivir una vida completamente diferente.

Simplificando mucho, digamos que como intérpretes de la partitura de nuestra vida tenemos la opción de tocar esa composición en tres modos o escalas diferentes: el pesimista, el optimista y el «optimalista». Veamos brevemente en qué consiste cada uno de ellos.

- **Modo pesimista.** Está anclado en la resignación y la creencia platónica de que nuestro destino viene dado y nada se puede cambiar. Habrá quien piense que esta actitud demuestra capacidad para tener los pies en la tierra, y que, por tanto, es algo positivo. Sin embargo, pesimismo y realismo están lejos de ser lo mismo. El pesimista solo ve la parte mala de las cosas y por esta razón tiende a generar espirales de pensamientos negativos que se retroalimentan, creando un estado de permanente miedo tóxico y *boicot* hacia uno mismo.

- **Modo optimista.** Con el modo optimista todo irá de maravilla... hasta que deje de hacerlo. Los problemas llegan cuando las cosas se tuercen. Porque, al contrario de lo que sucede con el pesimista, el optimista se niega en redondo a aceptar que las cosas no le salgan exactamente del modo en que las imaginó. Es incapaz de encajar los reveses inesperados de la vida, algo que lo llevará a entrar en un estado de negación permanente, frustración y parálisis cada vez que se enfrente a uno. Los optimistas a ultranza son necios que prefieren auto-engañarse y cerrar los ojos ante la realidad en lugar de afrontarla.

- **Modo «optimalista».** Es la manera más inteligente de afrontar cualquier partitura vital. Tiene su origen en la filosofía aristotélica y se basa en la aceptación. Pero no en una aceptación resignada como la del pesimista, ni en una «no-aceptación» como la del optimista, sino en una aceptación rebelde e imaginativa. El «optimalista» toma las cosas como vienen, ya sean buenas o malas noticias. Sin grandes dramas ni rasgado de vestiduras.

  Pero, una vez encajado el golpe, comienza a trabajar en generar alternativas para convertir esa nueva realidad en una oportunidad de cambiar cosas. Teniendo claro que no va a poder cambiarlas todas y que tal vez su margen de maniobra no va a ser demasiado grande. Pero sabiendo también que no va a quedarse de brazos cruzados esperando un milagro o a que se termine de consumar el desastre.

En el modo «optimalista» no se trata de evitar lo inevitable (una separación, un despido, una enfermedad...), pero sí de empezar a buscar opciones que hagan más llevadera la nueva realidad, o que incluso la conviertan en algo positivo. Tampoco se pretende que pongamos siempre al mal tiempo buena cara. Si hay que sentirse abatidos ante un contratiempo del destino, un «optimalista» estará todo lo triste que necesite estar; la tristeza es una emoción sana y necesaria.

Pero una vez pasado ese duelo, el «optimalista» vuelve a hacer sonar un acorde mayor en su instrumento y, activado por esa señal, comienza a pergeñar nuevas esperanzas y alternativas en relación a aquellos elementos de la nueva realidad que sí puede cambiar. ¿No siente miedo ante la incertidumbre? Por supuesto que lo siente. Pero no se deja atenazar por ese miedo porque tiene un plan. De esta forma, comienza a trabajar en su futuro desde el presente. Incluso cuando ese presente no ha salido de la forma en que esperaba.

Recurriendo a una imagen gráfica, ante el camión sin frenos que invade nuestro carril y se aproxima a toda velocidad hacia nuestro vehículo, el pesimista se abandonará a la inevitabilidad del desastre, el optimista cerrará los ojos con la esperanza de que al abrirlos el camión haya desaparecido y el «optimalista» comenzará a trazar planes para tratar de eludir el choque con un volantazo o saltar en marcha del coche en el último momento.

La OMS define «estilo de vida» como el resultado de un conjunto de hábitos que nos permiten disfrutar de un equilibrio entre bienestar físico, mental y social. Según esta definición no existiría una única fórmula para enfrentarse a la vida, sino que hay diferentes formas o «modos» de plantarse ante ella. Algunos piensan que las vidas muy emocionantes, repletas de aventuras y acontecimientos que se salen de lo cotidiano constituyen el ideal de una vida plena. Y seguramente a las personas que, por su profesión, inclinación o carácter tienen la oportunidad de llevar ese tipo de existencia, así se lo parezca. Pero eso no quiere decir que no existan otras fórmulas igualmente satisfactorias y capaces de brindar la misma sensación de plenitud a quienes las practican.

Pero también es posible alcanzar ese equilibrio desde un estilo de vida mucho más rutinario y convencional. Para ello hay que saber poner en valor lo cotidiano, lo ordinario y lo corriente. Muchas personas se pasan la vida esperando la llegada de un gran punto de inflexión que propicie un cambio radical en una vida que consideran insuficiente, plana o insatisfactoria, y con frecuencia olvidan que una existencia se construye a partir de la sucesión de infinidad de pequeños momentos.

Debemos aprender a disfrutar de esos instantes de felicidad y de esas victorias, por insignificantes que sean, que de cuando en cuando nos regala la vida. Se trata de aprender a saborear lo sencillo y manejar las propias expectativas. Otorgarle valor a lo cotidiano no solo nos evitará la frustración de esperar en vano un milagro, sino que nos brindará las herramientas para fabricarnos el nuestro propio. Nos enseñará a valorar la normalidad del día a día como lo que en el fondo realmente es: una sucesión de oportunidades para hacer brotar de esos instantes ordinarios lo extraordinario.

Para que esa conversión de lo común en fuera de lo común sea posible, para que esa metamorfosis de larva en mariposa se opere, necesitamos activar otro de esos modos de vida que todos llevamos en nuestra mochila de actitudes. Necesitamos vivir nuestra vida en «modo *on*».

Vivir en «modo *on*» significa vivir completamente focalizados en aquello que tenemos delante y con las antenas desplegadas para saber interpretar las señales del entorno cuando se produzcan y reaccionar con agilidad ante ellas. Vivir en modo *on* es vivir en presente continuo, pasado por el tamiz de los aprendizajes del pasado, para comenzar a diseñar nuestro futuro. Como decía Picasso, que las musas nos encuentren trabajando.

Pero poner en valor lo cotidiano no resulta fácil en un mundo que, como el actual, se caracteriza por su complejidad, su imprevisibilidad y sus constantes cambios. Vivimos rodeados de ruido y distracciones, y a veces esas distracciones proceden de nuestro interior, de nuestro propio cerebro. Necesitamos simplificar la ecuación, eliminar todo lo accesorio que no aporta valor.

Dentro de esos elementos que conviene eliminar, distingo siete filtros que conviene desactivar de nuestro pensamiento porque nos impiden ver las cosas en su verdadera esencia. Sesgos cognitivos que actúan como barrera entre nosotros y la realidad. Nos impiden adoptar esa costumbre tan saludable y esclarecedora que dice que, en caso de duda, hay que practicar el *back to de basics* (volver a lo básico).

Estos filtros que contaminan nuestros pensamientos son las suposiciones, la evocación de los recuerdos, el etiquetado de las ideas, las predicciones negativas del futuro, las emociones no razonadas como respuesta, las exageraciones y generalizaciones o las interpretaciones de la realidad percibida. Todos estos sesgos cognitivos son trampas que se pone a sí mismo el cerebro y que nos llevan, por ejemplo, a esa muy dañina tendencia humana a darle vueltas y más vueltas a algo que no nos aporta ningún valor.

Sea como sea el modo de vida que decidamos vivir es un modo de vida que compartimos con otros seres humanos. No somos músicos solitarios, sino que estamos integrados en una gigantesca orquesta que determina nuestras relaciones sociales. Vivir en «modo social» implica relacionarnos con nuestros semejantes siguiendo unos códigos de conducta que vienen marcados por los conceptos universales de urbanidad, respeto o tolerancia.

Pero si vamos más allá de ese manual elemental de convivencia, si decidimos lanzarnos por la senda de la conexión íntima con nuestros semejantes, por la senda de la amistad, la lealtad, la solidaridad o la generosidad hacia los demás, descubriremos que se abre ante nosotros todo un mundo de posibilidades.

Esa entrega a los demás, el esfuerzo consciente y generoso por tratar de mejorar con nuestras acciones la vida de quienes nos rodean, constituye un nuevo tipo de vida en «modo servicio», que ayuda a alcanzar ese sentido de propósito que todos buscamos —del que hablamos más en profundidad en el capítulo dedicado a la armonía—, y que tiene la capacidad de hacernos sentir mejor. Porque una de las vías de acceso directo a la felicidad es, precisamente, darse con generosidad los demás.

En esos modos de vida que elegimos llevar no podemos olvidar la salud, tanto mental como física. Mente y cuerpo son dos dimensiones de una misma realidad compleja, y ambas necesitan ser cuidadas y entrenadas. En otro de mis libros, *¿Cómo entrenar la mente? Y aprender de forma exponencial*, doy una serie de recomendaciones para ejercitar la primera. Pautas como entrenar la escucha, el *feedback*, el lenguaje interior, el pensamiento disruptivo o, de lo que trata ni más ni menos esto del modo, la actitud.

Y si hablamos de entrenar el cerebro, no se puede cuidar la mente y abandonar el cuerpo, porque constituyen dos elementos que están íntimamente unidos. Practicar algún deporte o actividad física con regularidad, dormir lo suficiente y seguir unos hábitos alimenticios equilibrados y saludables forma parte de ese modo de vida sano y equilibrado que todos anhelamos.

Fusión modal

- Elige el modo en el que quieres vivir tu vida: ¿mayor? ¿menor?

- El modo en el que dispongas tu mente ante cualquier circunstancia o hecho marcará tu actitud ante las cosas que te pasan.

- El modo y el sentido del humor están muy relacionados.

re
sol
sol
la
do
si
si
do
si
do
si
mi
re
sol
mi
la
re
la
LA
MÚSICA &
LIDERAZGO

Dirigir una orquesta sinfónica, una banda, un coro... además de transmitir aspectos y cuestiones interpretativas en función del contexto estilístico de la obra y la idea compositiva del autor, también es liderar. La búsqueda de la excelencia interpretativa como director debe ir acompañada de una buena sintonía con el grupo.

Decía el maestro Igor Stravinsky: «No basta con oír la música, además hay que verla».

Junto con una gran formación en cuestión estilística y de repertorio, la técnica es fundamental. Pero la técnica no es un fin en sí mismo, sino un vehículo para transmitir a través de la pasión y el entusiasmo nuestra idea interpretativa.

El gran maestro L.V. Beethoven decía: «Tocar una nota equivocada es insignificante. Tocar sin pasión es imperdonable», algo que compartía de una manera general el genial escultor canario Martín Chirino cuando expresaba que «¡Sin pasión no hay vida!».

Veremos cómo liderar tu orquesta tiene mucho que ver con liderar tu vida o tu empresa.

Adaptarnos al contexto

Los directores de orquesta siempre estamos adaptándonos a los diferentes contextos que se nos presentan.

En lo musical, desde los primeros días de estudio concebimos cuál sería nuestra interpretación ideal de una obra sinfónica (qué intensidad, *tempos*, colores orquestales, agilidades en determinados pasajes, cómo sentimos el solo que debe hacer un instrumentista, cuestiones estilísticas...), y desde el primer día de ensayo –como si de un espejo sonoro se tratase– vamos adaptando y aproximando el sonido que recibimos a nuestra interpretación ideal. Los directores de orquesta debemos guiar, conducir (director se traduce como conductor en inglés) al grupo a la mejor interpretación posible. Es muy enriquecedor combinar la exigencia artística con cierta flexibilidad para equilibrar nuestra idea interpretativa con el *feedback* sonoro que recibimos tanto de la orquesta en general como de determinados solistas en particular. Llegar a ese punto de encuentro interpretativo entre la propuesta del grupo y tu idea previa es un proceso fascinante.

Como anécdota diremos que se solía comentar que los grandes directores no solían actuar con los grandes divos porque cada uno de ellos quería imponer su propia interpretación. A lo largo de los años hemos visto que unas veces se daba y otras no, y que cuando son la intención del compositor y el propio sentido y discurrir musical de la obra los que nos guían se llegan a vivir interpretaciones verdaderamente mágicas.

Junto con estas cuestiones, siempre nos estamos adaptando a diferentes contextos, a diferentes orquestas y formaciones y, aun tratándose de la misma orquesta y el mismo repertorio, la magia del directo y muy diversas variables hacen que no haya dos interpretaciones iguales. Las condiciones acústicas no son siempre idénticas: como hemos dicho, no es lo mismo dirigir en un auditorio con unas muy buenas condiciones acústicas, en un auditorio al aire libre (con sonorización o no y de qué tipo), en una catedral (donde suele haber mucha reverberación y debemos llevar los *tempi* algo más lentos en ciertos pasajes para que no se solapen los sonidos), si la sala está más o menos llena (con lo que se absorberá más o menos el sonido), las cuestiones no previstas que pudieran surgir durante la interpretación, si el concierto forma parte de una gira donde físicamente la orquesta puede estar más o menos cansada o enérgica, etc., pero todos estos detalles la hacen todavía más mágica y especial.

En música llamamos matiz a los distintos grados o niveles de intensidad o *tempo* en el que se interpreta una determinada música o pasaje musical. Principalmente distinguimos dos tipos de matices: dinámicos (los que se refieren a la intensidad) y agógicos (los que se refieren al *tempo*, velocidad o duración).

Incluso los matices requieren de muy sutiles adaptaciones al contexto acústico durante la interpretación.

Como decíamos, un pasaje *forte* o *piano* puede ser más o menos *forte* o *piano* en función de la acústica de la sala o el auditorio donde realicemos el concierto.

Imaginemos dirigir una obra que comienza en *pianissimo* (*pp*), como por ejemplo la *Sinfonía nº 3 en re mayor* de P.I. Tchaikovsky. Los decibelios con los que iniciemos el *pianissimo* de esta sinfonía no serían los mismos si interpretamos la obra en la Elbphilharmonie Hamburg (una de las salas de conciertos con mejor acústica del mundo) o en un auditorio con no tan buenas condiciones acústicas o al aire libre.

En cierta ocasión, el presentador de un popular programa de televisión comentaba que desde el momento en que el chófer del equipo iba al aeropuerto a recoger al invitado de esa noche, con su actitud y detalles ya estaba siendo imagen del programa y todos los detalles cuentan. Algo similar ocurre con la figura del director de orquesta. Entre los músicos de una orquesta sinfónica se suele decir que en el preciso instante en que el director entra al escenario para comenzar el primer ensayo ya saben si será más o menos competente por su actitud (personal y postural) al entrar. Es normal que todos tengamos unos días mejores que otros (hemos dormido mejor o peor, podemos tener alguna preocupación personal, etc.), pero en el momento de salir al escenario debemos tratar de ofrecer siempre nuestra mejor versión.

Para emocionar al público debemos ser los primeros en sentir y transmitir esa emoción.

Dirigir (una orquesta o una empresa) también es inspirar. La música es una inagotable fuente de inspiración.

Una de nuestras mejores recompensas profesionales y emocionales la sentimos cuando, después de un concierto, alguien se acerca para saludarnos y trasmitirnos que a él también le gustaría ser director de orquesta por lo que ha sentido esa noche. O que le gustaría tocar el violín o la percusión por lo que le ha transmitido un músico en el concierto. O que la charla que hemos ofrecido en una determinada empresa le ha inspirado a llevar a cabo una nueva idea. Y la música en general nos inspira, nos emociona, nos anima a hacer esa llamada que teníamos pendiente, a dar ese abrazo que no dábamos, a decir ese te quiero que teníamos guardado por timidez, a hacer esa visita a un amigo o familiar...

Gestión del error

En los estudios de Dirección de Orquesta siempre nos han enseñado la técnica de la dirección: independencia de brazos, análisis de la partitura, memorización, cuestiones estilísticas según la obra a interpretar, poner arcos para la cuerda, conocimiento de la técnica particular de cada instrumento orquestal, de las voces, quironimia, aprendizaje de idiomas, etc. Son muchísimos parámetros con tantos conceptos que nos invitarían a escribir un libro entero al respecto a esta cuestión. Junto a la técnica, imprescindible para la dirección, es fundamental saber cómo gestionar y corregir un posible error y cómo dar indicaciones de mejora.

La técnica nos ayuda a dar una entrada correcta y precisa a un instrumentista que tiene un solo en un pasaje determinado de la obra. Pero ¿qué ocurre si ese instrumentista comete un error en su intervención? Ha entrado tarde, o antes, o está alto o bajo de afinación, no ha hecho el *rubato* como debería... El error que ha cometido no lo podemos subsanar –ya sonó–, pero lo que sí podemos es, a través de nuestra actitud, conseguir que lo que le resta de interpretar del pasaje salga de la mejor manera posible. Por supuesto, en los ensayos trabajaremos esa cuestión para que en sucesivas ocasiones no ocurra y trataremos de aprender del error.

Por experiencia, también diremos que cuando hacemos una gira o representamos un mismo repertorio en varias ocasiones, el segundo concierto suele ser algo peligroso si en el primero todo fue de maravilla, pues puede haber un exceso de confianza, relajación o falta de atención. Nuestra tarea será, en este segundo concierto, y los que restan, mantener altos el nivel de atención y concentración del grupo.

Junto con la expresividad corporal a la hora de dirigir, la mirada es fundamental. ¡Cuántas cosas se pueden trasmitir con la mirada!

En cierta ocasión, durante la interpretación de un aria barroca, una cantante empezó a cantar un compás antes de lo que debía. En ese momento debes reaccionar de la manera más ágil y eficaz para subsanar el error. Mágicamente, a través de la mirada, mi contacto visual con los músicos me hizo ver que ellos también se habían percatado de lo ocurrido. Asentimos discretamente con la mirada y automáticamente suprimimos un compás de la partitura para ir acordes con la cantante.

Al terminar el concierto felicité a la orquesta porque supo reaccionar y subsanar el error de una manera muy eficiente.

Les invitamos a disfrutar del maestro Leonard Bernstein en YouTube dirigiendo a la Orquesta Filarmónica de Viena solo con la mirada el 4º movimiento de la *Sinfonía nº 88* de F. J. Haydn.

Los detalles cuentan

Toda función en la orquesta o la empresa es importante. Cada uno de los detalles o intervenciones de los músicos durante la interpretación tienen la misma relevancia para que juntos consigamos un gran resultado. A veces, en una obra orquestal hay instrumentistas que tocan prácticamente toda la obra y otros músicos que tienen muchos compases de espera con breves intervenciones. Pero todo, absolutamente todo, tiene la misma importancia para que juntos interpretemos una maravillosa sinfonía.

Aprender a liderar desde la música

La música es una escuela para la vida y son numerosas sus aplicaciones en diferentes ámbitos. Porque la música trata de amistad, de familia, de creatividad, de matemáticas, de equilibrio, de pasión, de emoción... de vida. Una de esas parcelas está directamente vinculada al mundo del trabajo y a las complejas relaciones que rigen la convivencia en un colectivo: el liderazgo.

Si hay una imagen que ha sido utilizada hasta la saciedad para ejemplificar el liderazgo en cualquier área de las actividades humanas, ya se trate de un grupo de amigos, una empresa multinacional o una nación, esa es la del director de orquesta. Y es que este músico sin instrumento resulta tan gráfico a la hora de describir lo que debe ser la gestión de un grupo humano que su imagen es una de las primeras que acuden a nuestra mente cuando necesitamos sintetizar en pocas palabras el significado de lo que significa liderar. Se trata de una imagen tan poderosa que incluso ha saltado al lenguaje cotidiano, y con frecuencia decimos que alguien «lleva la batuta» cuando queremos indicar que se trata de la persona responsable de un determinado proyecto.

Aunque las semejanzas entre directores de orquesta y dirigentes de otros ámbitos llevan mucho tiempo instaladas en el imaginario colectivo, no ha sido hasta recientemente cuando el liderazgo más académico, aquel que se enseña actualmente en las escuelas de negocios, promueve los expertos organizacionales y se potencia en las empresas, se ha aproximado con mayor rigor a las funciones y comportamientos de un director de orquesta.

Y no es casualidad que se hayan fijado en ellos, ya que estos profesionales llevan más de tres siglos logrando de manera sistemática y en cada representación lo que es el sueño de cualquier empresa puntera actual: conseguir que todos y cada uno de los miembros del equipo actúen perfectamente coordinados, en íntima conexión los unos con los otros, brillando en el plano individual para el beneficio colectivo y en torno a un objetivo claro y compartido por todos.

Existen numerosas enseñanzas que los líderes empresariales o políticos pueden extraer de la observación de los grandes directores de orquesta. Por ejemplo, las grandes figuras de la batuta a lo largo de la historia, desde Herbert Von Karajan, Carlos Kleiber, Zubin Mehta o Colin Davis, hasta los más actuales Simon Rattle o Christian Thielemann, siempre han proyectado una imagen imponente y una poderosa presencia. Una imagen que va más allá de su impecable vestimenta o sus elegantes movimientos ante el atril de la partitura. Es una especie de áurea, invisible pero casi tangible, que ejerce una enorme capacidad de atracción. Son figuras carismáticas, que transmiten una gran autoridad en el doble sentido que los romanos asignaban al término: la *potestas*, o autoridad *de facto* que les otorga su posición al frente de un grupo extraordinario de músicos; y la *autoritas*, que no la da el cargo, sino que se obtiene gracias al respeto, el prestigio y la admiración que esa persona ha logrado granjearse a lo largo de su trayectoria profesional.

Al igual que esas grandes figuras de la música, los CEOs, empresarios o dignatarios políticos más respetados y que mayor huella han dejado en la historia también han cultivado siempre una imagen cuidada y han liderado más con su personalidad, coherencia entre lo que dicen y hacen y su capacidad de seducción que con la mano de hierro que confiere el poder. Y aunque tanto en el mundo musical como en el de los negocios o de la política abundan ejemplos de perfiles tiránicos –e incluso de déspotas geniales como Steve Jobs– que dirigen sus organizaciones a base de gritos, órdenes y modos dictatoriales, suelen ser los que apuestan por el diálogo, la persuasión y el ejemplo quienes obtienen mejores resultados.

Y es que, por relevante que sea (y, sin duda, lo es) el papel del líder en un grupo de cualquier tipo, ningún grupo llega a ninguna parte si todos sus miembros no están perfectamente alineados y realizan su contribución individual con altos niveles de excelencia. Esta afirmación, que parece obvia en la teoría pero que no se ve con tanta frecuencia como debería en la práctica empresarial, es innegociable en el mundo de la música. Una orquesta sinfónica es uno de los entornos en los que el trabajo en equipo alcanza las mayores cotas de sofisticación y dificultad. Un universo en el que cualquier error, nota fallida o entrada a destiempo de uno de sus componentes tiene efectos devastadores sobre el resultado del conjunto.

En una orquesta, la capacidad para hacer germinar la inteligencia colectiva lo es todo. Se trata de aunar los esfuerzos de un grupo extraordinario de talentos individuales para convertirlos en una única voz cohesionada y armoniosa. En ese universo tan particular, el papel del director es más de coordinador, impulsor e inspirador que de «jefe» en el sentido tradicional y autoritario del término. Es decir, su misión no es decirle a cada uno de los músicos cómo ejecutar sus pasajes, sino poner los medios a su alcance para asegurarse de que todos ellos toman sus propias decisiones de manera alineada con sus compañeros, en sintonía con el espíritu de la partitura que interpretan y al servicio de la intencionalidad que quiso transmitir el compositor. No por nada la voz inglesa para director de orquesta es *conductor*, porque eso es, ni más ni menos, lo que hace un buen director de orquesta: conducir, guiar a sus músicos hacia la meta de una interpretación colectiva perfecta.

Siguiendo la línea de esos conductores de talentos que son los directores de orquesta, las últimas tendencias en liderazgo organizacional también apuntan en esa misma dirección. Los nuevos CEOs y los altos directivos están cambiando los modos autoritarios y jerárquicos que desde tiempos inmemoriales han regido las relaciones laborales en las empresas por sistemas más democráticos y redárquicos en los que se deja un amplio margen de autonomía a los colaboradores para que estos se responsabilicen de su parcela de actuación y tomen sus propias decisiones. De esta manera, el liderazgo empresarial está pasando paulatinamente de basarse en «dar órdenes» para resolver una situación dada a facilitar que el equipo llegue por sí mismo a la mejor solución para la misma. En ese camino de autogestión, el rol del líder es de guía o brújula que se asegura de que todo el mundo reme en la misma dirección.

A la hora de analizar su función, todos los directores de orquesta coinciden en que esta va mucho allá de señalar compases y dar la entrada a sus músicos. «Marcar el tiempo es muy fácil; cualquiera puede hacerlo. Pero hacer música es muy difícil», dice el italiano Riccardo Muti. Para el antiguo director de la Scala de Milán, el oficio de director de orquesta es el «más difícil del mundo», ya que su misión es hacer que la idea que habita en su mente sobre la manera de interpretar una partitura viaje a través de sus brazos hasta sus músicos para que estos la trasmitan al público mediante ejecuciones con sus respectivos instrumentos. Un director de orquesta no se limita a ejecutar una serie de notas escritas sobre un pentagrama, sino que interpreta la obra de una determinada manera, es decir, la hace de algún modo suya y ha de ser capaz de expresar y hacer llegar esa visión a la orquesta. Como dice Muti, «se trata de llegar hasta el alma de los músicos y hacer brotar de ellos no simplemente las notas, sino los sentimientos».

Un CEO, un jefe de departamento o un director de proyecto también debe saber ir más allá de lo que figura escrito en un *business plan* o en la hoja *excel* del calendario de proyecto. Necesitan tener una visión clara del objetivo que desean alcanzar, y dotarlo de un propósito y de una coherencia interna que lo hagan reconocible y atractivo para su equipo.

Por esa razón, creatividad, elocuencia y habilidades de comunicación son otros de los rasgos de los directores de orquesta en los que pueden fijarse los aspirantes a líderes empresariales. Y es que esa visión, ese propósito que aguarda al final de cada interpretación musical, debe ser expresado con claridad meridiana, pasión contagiosa y gran convicción. Como dice el gran director británico Benjamin Zander, una de las principales características de un gran líder es que «no duda ni por un instante de la capacidad de las personas a las que lidera para comprender su sueño».

Las habilidades blandas como la capacidad de escucha, la empatía, la comunicación persuasiva o la inteligencia emocional también ganan terreno en los perfiles directivos, ya que son estas y no tanto las puramente técnicas las que con mayor probabilidad conducirán al grupo hasta el éxito. Y es que otro punto de coincidencia entre el director empresarial y el de orquesta es su función como motivador y desarrollador de talento. Como cuenta Benjamin Zander en un TED Talk en la que reflexiona sobre la música y sus paralelismos con otros ámbitos de la existencia, su vida dio un giro decisivo el día que comprendió que su trabajo como director de orquesta consistía en «despertar posibilidades en otros», y que su éxito dependía exclusivamente de su habilidad para empoderar a sus músicos. ¿Cómo saber si se ha conseguido el objetivo? El británico propone un particular KPI para que cualquier persona auto-evalúe su éxito como líder: «Contar el número de ojos brillantes a tu alrededor. Si los ojos de tus colaboradores brillan es que lo estás logrando».

Bajo ese punto de vista, una de las misiones del líder es sacar a relucir la mejor versión de los miembros de su equipo, ya sean músicos, consultores o jugadores de fútbol. Lograrlo implica un estilo de liderazgo basado en la confianza en lugar de la imposición; en el diálogo en lugar de las instrucciones; en la búsqueda de la mejora continua y el crecimiento en lugar de la reprimenda. Un liderazgo en definitiva positivo que reduzca las distancias, aplane los organigramas y en el que el jefe sea un facilitador y un músico más en el foso, otro eslabón perfectamente engranado en la sinfonía de un proyecto.

La visión periférica del conjunto sin perder de vista los elementos individuales que lo componen es una virtud que comparten los grandes líderes musicales y empresariales. Una enseñanza que a veces les cuesta entender a determinados mandos, que piensan que su misión es encargarse personalmente de todas y cada una de las tareas que comporta un proyecto, y se enredan en microliderazgos que lo único que hacen es entorpecer la marcha del mismo.

Un director de orquesta nunca pierde de vista la «gran foto» del concierto, de la sinfonía o la ópera que tiene entre manos. Su objetivo es asegurarse de que la obra llegue a buen puerto, y para ello no necesita saber tocar todos los instrumentos, sino poner los medios para asegurarse de que estos suenan del modo en que quiere que suenen. Sus músicos son de hecho mejores intérpretes que él mismo, especialistas muy talentosos cada uno en su parcela. Y el talento del director consiste en dar a esos virtuosos colaboradores unas pautas claras y toda la ayuda posible para que ese talento individual que atesoran trabaje al servicio del conjunto.

Tampoco un director de proyecto necesita ser un especialista en todos y cada uno de los aspectos que implica el mismo. Para eso tiene a sus colaboradores, expertos en cuyo criterio confía, en los que delega y a los que pide opinión antes de tomar una decisión que concierna a su área de especialidad.

Finalmente, que el director posea visión de conjunto no está reñido con que esté también atento a las necesidades y dificultades de los distintos miembros de su orquesta. Ha de ser un buen psicólogo y un hábil gestor de personas. No olvidemos que trabaja con artistas, un gremio en el que los egos suelen aparecer con facilidad y pueden generar tensiones que dificulten la marcha del proyecto. Atemperar las necesidades de reconocimiento individual de los miembros del equipo y ponerlas al servicio de una misión superior y un sentido de pertenencia al grupo es otra de las habilidades reservadas para los grandes maestros del liderazgo, tanto en la música como en la vida.

TEMA CON VARIACIONES

> *«La música tiene por objeto el deleite,*
> *por lo que aconsejo melodías simples*
> *y variaciones en el ritmo».*
>
> Gioachino Rossini

La variación en la música puede ser entendida como un procedimiento de escritura compositiva, una forma musical o ambas cosas a la vez. Como procedimiento consiste en variar un tema transformándolo de manera que no altere las características esenciales, y como forma musical, la variación engloba diversas posibilidades: variación rítmica, armónica, melódica, etc. En definitiva, son variaciones sobre un mismo tema o idea musical propuesta.

La variación es tan antigua como la música misma, pero su organización en tanto que forma musical data del s. XVI. Había entonces la costumbre de variar un *tempo* de danza. Por ejemplo, el tema de *La lenta pavana*, escrita en 4/4, aparecía después en aire vivo escrito en ¾. Podríamos citar también a los tañedores de tecla españoles, sobre todo a Antonio de Cabezón (1510-1655), cuyas *Diferencias para órgano* son de una técnica muy desarrollada que prefigura los corales de J.S. Bach.

Los maestros del s. XVII cultivaron la variación sobre diferentes aspectos, y en la primera mitad del s. XVIII la emplearon Haendel, Rameau, y sobre todo Bach con la *Chacona para violín solo*, los corales variados para órgano y las *Variaciones Goldberg*.

En el Barroco también encontramos el *aria da capo*, un tipo de aria que se caracteriza por su forma ternaria, es decir, en tres partes (A-B-A'). Los compositores encontraron esta forma, no solo útil, sino fundamental durante cerca de un siglo.

La primera sección de las *arias da capo* es una entidad musical completa, que termina en la tónica, y debía ser interpretada por el cantante tal como estaba escrita en la partitura. La segunda sección contrasta con la primera en cuanto a textura musical, ánimo o *tempo*, y en la tercera sección, generalmente el compositor se limitaba a indicar que se repitiera la primera parte con las palabras «*da capo*» (desde la cabeza, desde el principio). En esta tercera parte el cantante debía ejecutar toda serie de variaciones y adornos que considerara apropiados para su lucimiento vocal.

Haydn y Mozart escriben variaciones de una inventiva y una belleza realmente extraordinarias. Beethoven, con las *Variaciones para piano sobre un tema de Diabelli Op. 120* desarrolla tal riqueza de fantasía que llega en ocasiones incluso a desorientar al oyente. Las *Variaciones sérieuses* de Mendelssohn, las de Brahms sobre un tema de Haydn (coral de San Antonio), etc. constituyen modelos inigualables ampliando la técnica compositiva de una manera sorprendente.

....

Junto a estas, y para la escucha de nuestro querido lector, recomendamos las *Variaciones brillantes en si bemol mayor, Op 12* de Frédéric Chopin, las *Variaciones sobre un tema de Chopin*, de Federico Mompou y las *Variaciones sobre un tema de Chopin, Op. 22* de Ferruccio Busoni.

....

En el s. XX la variación cobra nuevos impulsos a través de la Escuela de Viena; la amplitud del concepto tonal, el *dodecafonismo*, el *serialismo*, la *tímbrica*, etc. Son elementos nuevos que se añaden a esta fuente inagotable de inspiración.

En el *jazz*, por ejemplo, también se utiliza mucho la variación como forma de improvisación. Una vez expuesta la melodía principal se improvisa sobre ella y su estructura armónica haciendo diferentes «ruedas» de improvisación por uno o varios intérpretes.

Nosotros hemos querido invitar a grandes amigos relacionados con el mundo de la música para los que sabemos que esta juega un papel muy importante en sus vidas para que varíen (respondan según sus vivencias) respecto a una idea (pregunta). Esta es la pregunta (tema):

¿Qué ha significado la música en tu vida y qué crees que nos aporta a las personas en nuestro día a día?

Y estas las respuestas (variaciones) de nuestros invitados:

«*Desde muy pequeño sentí que la música era el medio más potente para transmitir las emociones humanas. Eso me cautivó hasta el punto de querer estudiarla en profundidad. Lo que no sabía en ese momento es que, además de ser un medio, era una fuente inagotable de conocimiento y belleza, me mantendría felizmente ocupado toda mi vida. Creo honestamente que dedicar tiempo a la música, ya sea estudiándola, tocándola, creándola, enseñándola o simplemente escuchándola es de las mejores inversiones que se pueden hacer en la vida*». **Antonio Serrano**, armonicista, compositor y divulgador.

«La música ha formado parte de mi vida desde que estaba en el vientre de mi madre... Ella siempre ha cantado, y ¡muy bien por cierto! La música siempre me ha acompañado, primero como bailaora desde los 4 años y luego como cantaora desde los ocho. No puedo concebir mi vida sin ella, ¡siempre está ahí!

Es mi mejor compañera de vida, la que me anima, me tranquiliza, me hace vibrar, llorar, reír, ¡sentir!, mi terapia. Con música nos enamoramos, nos relacionamos, nos comunicamos, aunque no hablemos el mismo idioma. ¡La música es universal!

No entiende de razas, colores, política, clase social, género ni número. Creo que es el nexo más bonito y directo al corazón que puede tener cualquier persona». **Joana Jiménez**, *cantaora.*

«Desde pequeño, la música ha sido mi refugio y consuelo en los momentos difíciles y siempre ha estado presente en las alegrías. Aporta luz y esperanza a mi día a día, y siento que mi deber como músico es ser espejo de esa fuerza interior que me trasmite. Esa capacidad de trascender que la acompaña deja atrás la visión funcional y productiva que impera sobre el ser humano para elevarla a una concepción mucho más profunda y verdaderamente antropológica». **Pablo Márquez Caraballo**, organista de la catedral de Valencia y catedrático de clavecín del Conservatorio Superior de Música de Castellón.

«La música para mí es el lenguaje de los ángeles, un modo de comunicación universal, una medicina para el alma que eleva el espíritu. Con certeza me atrevo a decir que la música ha sido el alimento que me ha dado la fuerza ante los desafíos y ante las alegrías me ha ayudado a danzar en la victoria. Sin música no habría vida porque la vida es una melodía». **Bisila Bokoko**, *entrepreneur, inspirational speaker and global brand ambassador.*

«Decir que la música es toda mi vida sería mentir y sería un peligro, pero sí es cierto que es el eje que hace que mi vida tenga sentido. Tengo la fortuna de ser músico y vivir de la música; no es mi afición, la amo porque me hace sentir un privilegiado, puedo hacer disfrutar a los demás y me encanta ver la cara del público cuando ves que está llegándole. Además, me permite disfrutar a solas cuando la escribo y me alimenta, es dura y severa, no te deja pasar una y eso te mantiene alerta. La música aporta y refuerza sentimientos, sentimientos escondidos, superfluos... desde los más íntimo a los grandes momentos compartidos. La música está presente durante toda la vida de los seres humanos, es compañera de viaje y guardiana de los recuerdos». **Germán G. Arias**, músico y compositor.

«La música ha sido una suerte de puerta que me llevó a poder proyectar un mundo de fantasía que estaba en mi interior.

Considero que la música genera una atmósfera mágica en las personas. Sin duda es el arte más abstracto y al mismo tiempo el más rápido en llegar y mover nuestro interior». **Abraham Cupeiro**, músico y compositor.

𝄞

«La música es de las cosas más importantes de mi vida; ocupa una gran parte de mi ADN. Me permite comunicarme a través de ella con todas aquellas personas a las que quiero, aunque no hable su idioma.

En Cuba la mayoría de los grupos musicales ensayan sus repertorios en las casas de alguno de sus integrantes, y yo tuve la gran suerte de que el grupo de mi padre ensayara en la nuestra, así que desde muy pequeño estoy escuchando, tocando y disfrutando de la música en directo. Ya más adelante realicé mis estudios y gracias a Dios me convertí en un músico profesional; así que la música es mi vida.

La música es totalmente terapéutica, reduce nuestro estrés diario y nos adentra en un mundo maravilloso lleno de sensaciones donde podemos abandonarnos y expresarnos tal como somos. Nos da felicidad y una buena actitud ante la vida. Estoy seguro de que nos hace mejores personas». **Yoel Páez**, percusionista, profesor de Berklee (Valencia) y artista Yamaha.

𝄞

«La experiencia musical me enseñó a 'integrarme' (no solo 'unirme') con las realidades valiosas de mi entorno. Esta forma singular de vinculación me abrió inmensas posibili-

dades creativas y me inspiró mi idea de la antropología relacional-dialógica, expuesta sobre todo en mis tres últimas obras. La relación es una característica básica de la vida humana, y, por tanto, de la cultura. Y la forma más lograda de la relación es el 'amor oblativo', al que exaltaron eminentes compositores como Mozart, Beethoven y Wagner en sus obras más logradas. La música de calidad es un modelo de entrega espiritual, es decir, de amor. Por eso decimos que nos eleva el alma, porque nos hace crecer. En mí se cumplió en cierta medida la observación del reputado científico A. N. Whitehead: 'La fecundación del alma es la razón misma de ser del arte'». **Alfonso López Quintás,** catedrático emérito de Filosofía de la Universidad Complutense y académico.

«Tenía 20 años y estaba en un país remoto cuando pude experimentar cómo, al cantar con personas refugiadas muy heridas, algo importante sucedía. Estábamos junto al mar cantando canciones de nostalgia de su tierra. Entonces sentí elevarse nuestros cuerpos y nuestras vidas a la vez que nuestras voces. Nos adentramos en un espacio diferente. Un ámbito de posibilidades renovadas, dignificadoras, que nos sanaban por dentro porque reparaban nuestro vínculo esencial: la fraternidad humana. No había separación sino una unión profunda en nuestras voces, corazones y respiración. Y esa energía sigue alimentando hoy mi deseo de que todas las personas estén invitadas a la fiesta de la vida en común. La música nos devuelve a nuestro lugar más humano: unidos a otros y a la naturaleza, trascendiendo barreras y viviendo los valores más transformadores de la sociedad». **María Guerrero,** fundadora y presidenta de la Fundación para la Acción Social por la Música.

«*La música en mi vida ha sido y es un gran motor que genera motivación de vida, que da un verdadero sentido a mi existencia. Considero que mi trabajo como cantante es ser canal de esta fuerza maravillosa que transforma. Está presente en el Universo, en todo. Tiene un gran poder de transformación, como lo tiene la energía del amor. A través de ella se producen grandes catarsis.*

La música abarca todo el espectro vibratorio.

Hay músicas que te conectan con lo terrenal, con la parte más densa, y músicas de alta frecuencia como la ópera o la música clásica que te conectan con tu parte superior, con lo más sutil, con lo divino.

Para mí es indispensable en el desarrollo de la sensibilidad y para la vida. Para sanar, para entrar en contacto con nuestra parte más interna y también para activar nuestro cuerpo y cerebro, para ponernos en contacto con la alegría.

La música nos enseña a escuchar (desarrollar la capacidad de dejarnos embelesar por el canto de los pájaros, el tañer de unas campanas o el sonido de tambores y ver qué sucede dentro de nosotros). La música es vida». **Nancy Fabiola Herrera**, *mezzosoprano* internacional.

«*La música para mí significa una manera coherente y constante de ver y relacionarme con el mundo que me rodea. Pienso que todas las personas y cosas tienen su propio sonido, silencio, su propio ritmo, así que en mi caso la música me permite expresarme de una manera fluida y plena, sintiéndome parte de esa 'sinfonía' cotidiana que es la vida. Considero que la música brinda un aporte vital a la vida cotidiana de las personas. A través de ella podemos evadirnos, encontrar refugio emocional, evocar a nuestra parte más nostálgica, buscar tranquilidad, divertirnos, reflexionar, en definitiva, contactar con prácticamente el sinfín de emociones y sensaciones que conforman la personalidad del ser humano. Creo que la música es un elemento fundamental en nuestra vida».* IVÁN «MELÓN» LEWIS, pianista cubano de *jazz*, compositor y productor musical.

«La música se convirtió —desde mi infancia hasta hoy y siempre— en mi mejor y más auténtico amigo, con el que puedo expresar y gestionar mis emociones y ayudar en lo mismo a los demás. La buena música nos aporta a diario —en porciones gigantes— felicidad y sosiego, respeto a la naturaleza y al prójimo, creatividad y sensibilidad. No la abandones nunca...». ANDREAS PRITTWITZ, multiinstrumentista feliz.

«Sinceramente, me apetece darle la vuelta a la pregunta y decidme lo que ya me he preguntado a mí mismo en infinidad de ocasiones: ¿qué hubiera sido de mi vida sin la música? La conexión que sentí desde niño, la infancia, la adolescencia, todo lo que me forjó estuvo relacionado

fuertemente con la música. Era un juego, un abrazo, una ilusión... lo era todo. Profesionalmente, la música me ha regalado el conocer a personas maravillosas, mágicas, especiales, interesantes, creativas, con unas diferencias culturales enormes pero unidas por un punto en común: el amor por la música. También conocer lugares que ni en mis mejores sueños de niño hubiese pensado. Soy músico de corazón y no entendería una vida sin música.

Hay miles de estudios que hablan de la química que existe entre el ser humano y la música, desde el canto que una madre provoca en su bebé cuando estamos formándonos en su barriguita, hasta personas autistas que solo logran comunicarse gracias a la música. Profesionalmente hablando, este mundo no lo entendería sin la música. Imagina por unos segundos el cine, los audiovisuales, los vídeos de tu empresa, tus plataformas digitales preferidas, tus navidades... sin música. ¿Puedes imaginar la poesía sin su propia música, o cómo sería el baile abrazado a la persona a la que más quieres sin la música de tu canción preferida? En definitiva, para mí la música es amor, vida, conexión y alma». **Ovidio López**, guitarrista.

«Para mí la música no es solo un lenguaje o una forma de expresión; es un concepto de vida. Porque la música, en mi caso, vertebra no solo mis días sino que conforma mi manera de ser, de pensar y de mostrarme al mundo. Ella está presente en cada decisión, en cada detalle, porque al ser además mi profesión, todo gira en torno a ella.

Siento que la música incluso transforma la forma de entender y de hacer en la vida, cambia el modo en que se perciben y se viven los acontecimientos diarios, y por su-

puesto te hace estar más receptivo a la belleza o la felicidad, y más sensible ante las emociones más negativas. Creo que a todos nos aporta y transforma, porque mueve nuestra energía hacia lugares más placenteros y nos hace rozar pequeños destellos de felicidad y dicha.

No me imagino la vida sin música; creo que de hecho no podría llamarse vida porque la música es parte de la vida para todos nosotros. Como el aire y la luz, no puede faltarnos». **Sole Giménez**, cantante y compositora.

«La música es mi cuidadora. Mi salvadora. No he sido nunca de muchas palabras, y por eso he utilizado la música para sacar mis demonios, arrojarlos contra el suelo, y al rebotar, recogerlos convertidos en notas y letras. Desde pequeño, sin saber por qué escuchas música, y lo primero que haces es sentirla, para más tarde intentar analizarla, con el propósito de comprender esa magia tan abstracta que te hace vibrar. Es muy bello el instante en que te das cuenta de que puedes hacer tu propia música, que has captado la esencia, que puedes contarle a mucha gente tu forma de ver el mundo. Hay dos momentos que le dan absoluto sentido a todo esto. Uno de ellos es cuando estás en tu rincón creando algo que a ti mismo te ha emocionado, y otro es cuando lo presentas delante del público. Mirando a los ojos de los que escuchan ese mensaje, absorbiendo lo que sienten, para después devolverlo, y así jugar una partida que es como un pequeño paraíso para nosotros, los músicos que amamos el directo.

Si nunca hubiera existido la música, no sé si la echaríamos de menos, pero nuestra vida sería mucho más pobre. De eso estoy seguro. Nos levanta, nos emociona, nos relaja, nos enamora, nos llena... nos hace entender un poquito mejor nuestra existencia. Sigamos buscando; todavía queda mucho por descubrir y entender». **Sean Frutos**, cantante, compositor y letrista de Second.

«La música me ha regalado libertad.

Nada hay más democrático que la música, sin intermediarios, sin mover un dedo, sin hacer clic, la que decides que merece la pena que camine contigo hasta el final se instala en tu disco duro y ahí permanece a salvo de modas, tendencias...

Profesionalmente la música me ha regalado placer.

Temprano valoré como un privilegio el tener puertas y ventanas siempre abiertas a cualquier tipo de expresión musical y, por supuesto, que no existe mejor ungüento contra la soledad.

También que, mientras mis neuronas se apiaden de mí, la música me seguirá regalando libertad». **Víctor Manuel San José**, cantante y compositor.

«No me gusta la expresión 'la música es mi vida', o yo al menos no la puedo suscribir.

A lo largo de la mía, de mi vida, me alejé varias veces de la música para descubrirla de nuevo en hechos misteriosos, tras nuestros cerebros, en una flor que se abre, en una célula vagando por el espacio...

En esa búsqueda me encontré con las nanas de mi madre, me recordé, de la mano de mi padre, siguiendo a una banda que interpretaba 'La Tosca' de Puccini.

La música apareció de nuevo en mi vida como el gran misterio de la humanidad, que diría Darwin». **Luis Fernández**, pianista.

«Para mí, por decirlo de alguna manera, la música lo es todo. Desde los 12 años sentí una atracción ineludible por este lenguaje y esta forma de comunicación, y desde entonces no concibo la vida sin expresarme de esta manera. Sin música no hay vida.

La mezcla de la música con la palabra cantada, que es la esencia de mi oficio, me ofrecieron una vía de comunicación que en cualquier otra circunstancia me resultaba complicada, difícil, casi vedada». **Pedro Guerra**, cantante.

«La música ha guiado mi vida desde que empecé, como un juego que despierta la contemplación de lo mágico que hay en el mundo. Es a la vez contemplar la física, la arquitectura, las matemáticas, la literatura, la poesía, la filosofía y todo el mundo de las emociones que tan difíciles son de poner en palabras. ¡La música lo es todo para mí!». **Albert Sanz**, pianista y compositor.

«La música me ha dado la oportunidad de jugar, experimentar y crear a lo largo de mi vida. Como si aún no hubiese dejado de ser pequeño y pudiera compartir esas experiencias con otros seres humanos que a la vez han sido y son mis maestros. La música, en mi opinión, aporta un mayor rango de empatía y sensibilidad hacia lo que nos rodea, enriqueciéndonos y haciendo que aprendamos los unos de los otros. Nos une». **Borja Barrueta**, baterista y percusionista.

«Estoy de acuerdo con muchos pensadores como Nietzsche, Bergamín o Jorge Oteiza acerca de que el hombre es un animal enfermo. La música para mí, como paciente de esta circunstancia, ha sido y sigue siendo la savia que acompaña cada día a mis emociones, unas veces paliando mis pesares y otras festejando mis alegrías.

Como agente, como músico activo, ha sido y es mi medio de comunicación más sincero, claro y efectivo con mis semejantes. También como agente, como músico, mi dedicación exclusiva y permanente al pensamiento musical, fundamentalmente centrado en la música popular o de raíz popular, ha sido la que me ha permitido alimentar a mi familia y desarrollar una vida musical y artística plena. Y es muy importante señalar también que, habiendo tenido la suerte de comenzar mi carrera de contrabajista profesional tocando con grandes músicos del jazz, improvisadores de la vieja escuela, ese enfoque musical me ha permitido asimismo desarrollar y poner en práctica, con cautela, mis convicciones anarquistas». **Javier Colina**, contrabajista.

Coda

«La música es el arte más directo.
Entra por el oído y va al corazón...
Es la lengua universal de la humanidad».

Astor Piazzolla

Al igual que una coda (del italiano *cola*) se encuentra al final de un movimiento en concreto o de una obra en general, y a modo de epílogo, nos gustaría compartir con vosotros la motivación tan grande que nos llevó a escribir este libro.

Nos conocemos desde hace mucho tiempo y sentimos mucho aprecio personal el uno por el otro. En nuestras conversaciones sobre la música y la vida percibíamos que ambas estaban íntimamente relacionadas, que se enriquecían mutuamente y que –como decía Friedrich Nietzsche– «La vida sin música sería un error». Hablando de lo que nos apasionaba sobre nuestros trabajos nos dábamos cuenta de que muchas de las directrices que Fernando podía transmitir a un equipo directivo, a un grupo de profesores, a un deportista de élite... estaban muy relacionadas con las que Daniel podía transmitirle a una orquesta sinfónica o a un solista de prestigio. Una buena armonía es imprescindible en un pasaje musical, pero también es fundamental un buen clima armónico en la orquesta, en el grupo de trabajo, con los amigos.... El tiempo, que es un aspecto esencial cuando dirigimos la música, es esencial también en cuanto a la importancia que le damos en diferentes ámbitos de nuestra vida y que, de la misma manera que el modo puede determinar el carácter de una obra musical, el modo en que actuamos en determinadas ocasiones o interpretemos determinadas circunstancias será igualmente muy relevante. La melodía, aquello que se nos queda y es más reconocible de una obra musical, tiene mucho que ver con la imagen que proyectamos en diferentes ámbitos... Así, íbamos observando como todos los conceptos que intervienen en el discurso musical eran igualmente relevantes y aplicables en muchos otros contextos, en diferentes escenarios de nuestra vida.

Estábamos también muy conectados debido a que Fernando es asimismo músico (toca el bajo eléctrico), y Daniel siente mucha inquietud por todas las cuestiones sociales. Y ambos sabemos que la música favorece y enriquece la interacción entre personas y culturas.

Llevados por la pasión de la música y por el encaje tan maravilloso que tenían nuestros dos mundos decidimos crear nuestra conferencia-concierto *El mensaje de la música* para compartir estas ideas con mucha más gente.

Hemos tenido la suerte de haber llevado esta propuesta a muchos contextos diferentes: encuentros de carácter social para poder aportar nuestro grano de arena a asociaciones o entidades con las que hemos tenido mucho gusto de colaborar y seguiremos estando, con estudiantes de todos los niveles, con empresas muy reconocidas, con multinacionales, deportistas de élite, CEO's y directivos, etc. De todos esos encuentros percibíamos que los mensajes e ideas que compartíamos llegaban e interesaban mucho a la gente fuera cual fuera su contexto vital o laboral. De modo que decidimos ampliar y detallar nuestra conferencia-concierto para plasmarlo en este libro y poder compartirlo con muchísima más gente.

Aunque siempre hemos partido de conceptos musicales, es un libro dirigido a todo el mundo, sea músico o no. El músico obviamente se verá reconocido en muchísimas cuestiones y quien no lo sea podrá adentrarse en diferentes conceptos de la música que podrá llevarse o trasladar a su partitura personal.

Muchos de los ejemplos que aquí te hemos invitado a leer y escuchar están tomados de la música clásica, pero las ideas que aquí compartimos están presentes en toda la música. De la misma manera que observamos que lo diferente enriquece, los diferentes estilos musicales se retroalimentan y de sus fusiones brotan ideas maravillosas. Lo mismo ocurre con la música y la literatura, que han ido siempre de la mano y juntas se han engrandecido.

Como hemos dicho en el libro, lo más bonito de la música es poder compartirla con los demás. Disfrutarla y vivirla en conjunto es maravilloso. El hecho en sí de reunirse para disfrutar de la música es algo muy positivo. Cuando un niño empieza a cantar en la escuela, en casa... no piensa en la técnica o si está más afinado o no; simplemente se deja llevar y fluir por la magia de la música. ¡Qué bonito sería mantener esa actitud, ese fluir aun cuando nos hagamos mayores y aprendamos cuestiones más técnicas!

Cantar en familia, con amigos, alrededor de un piano, una guitarra... fortalece nuestros vínculos y nos hace mejores; nos hace sentir parte de un todo, de un grupo, de un equipo.

Volver a esa mirada de niño hacia la música sería fantástico... Es frecuente, como público, al escuchar un concierto en directo que nos fijemos en el momento en que el solista, o la orquesta, ha podido cometer un error, una equivocación, resaltando el pequeño el error frente al gran concierto repleto de notas y sonidos acertados. Ponemos el foco en la nota errada y no en las miles de notas que sí se han tocado maravillosamente. Como en la vida misma...

Una reflexión que nos parece interesante hacer en este momento, en esta coda con la que culminará nuestro concierto: muchas veces no nos atrevemos a emprender nuevos proyectos o acciones por miedo a «desafinar», y lo que no sabemos es que nos estamos perdiendo hacerlo, vivirlo, afinar en poco tiempo, y así aprender del error y crecer.

No dejes de ser un intérprete con el instrumento de la vida por miedo a desafinar. No te merecerá la pena. Cuando te des cuenta será demasiado tarde.

Decía Eleanor Roosevelt que «las mentes pequeñas discuten a la gente, las mentes medianas discuten acontecimientos y las mentes brillantes discuten ideas». Cuando dirigimos o interpretamos destacamos las disonancias, resaltamos la nota que «en teoría» está fuera del acorde. En nuestro día a día la música nos enseña a entendernos y a comprender mejor al otro a través, entre otras cosas, del silencio, la escucha y de cómo vibramos con los demás.

Nosotros, no te quepa la menor duda, hemos vibrado con todos vosotros, nuestros lectores. ¡Gracias por estar ahí!

Y hemos aprendido de la música que debemos adaptarnos a los diferentes contextos que nos plantea la vida y también a saber cómo liderar una orquesta, lo cual guarda mucha relación con liderar tu equipo o tu empresa, o a ti mismo. También queremos que no olvides que la actitud con la que hagas tu puesta en escena es igualmente importante en todos los ámbitos de tu vida... Y que la música puede ayudar a que tu vida suene mejor.

Ya sabes, ¡que suene tu música!

Aplausos

Mis aplausos en forma de agradecimiento van para todos los amigos con los que he disfrutado de la música en algún momento. Sin duda alguna, lo mejor de la música es compartirla. Gracias por ser parte tan importante de este maravilloso viaje.

A Martín Llade, a quien tanto admiro. Gracias por transmitir con tanta pasión tu amor por la música clásica a todos los públicos. Nuestra primera *ópera* no podría tener mejor *obertura* que la escrita por ti.

A Marta Prieto Asirón, nuestra editora y amiga, por caminar a nuestro lado y ser parte fundamental de este maravilloso viaje musical, vital y literario.

A todos los amigos que me habéis aportado una nueva variación musical, en nuestros encuentros y con tanto cariño en este libro. Gracias Antonio Serrano, Sole Giménez, Iván «Melón» Lewis, Yoel Páez, Joana Jiménez, Pablo Márquez, Bisila Bokoko, Abraham Cupeiro, Profesor Alfonso López Quintás, María Guerrero, Nancy Fabiola Herrera, Víctor Manuel, Andreas Prittwitz, Ovidio López, Sean Frutos, Luis Fernández, Pedro Guerra, Albert Sanz, Borja Barrueta y Javier Colina. Gracias por vuestra amistad, talento e inspiración. Compartir con vosotros siempre es un regalo y me hace mejor músico.

Gracias especiales a Germán G. Arias. Dicen que las verdaderas amistades se forjan en la infancia y adolescencia; tal vez sea verdad porque contigo he ganado un hermano.

Gracias por tu visión tan amplia e integradora de la música y por tu bondad en cada detalle.

A mis padres, por el apoyo incondicional en lo que siempre ha sido mi pasión: la música. Por vuestro ejemplo, entrega y amor, y por inspirarme a caminar por la música desde la humildad, el respeto y honestidad.

A mis hermanos, por ese lazo de amor tan fuerte que nos une siempre.

A mis «tres emes»: Merche, Martina y Marc... por ser la música más bonita que hay en mi vida. No hay melodía más bella que vuestra risa.

Merche: AT. La sinfonía de la vida siempre es más bonita haciéndola sonar juntos.

Y a ti, querido Fernando Botella, amigo, hermano.

¡Cuántos escenarios disfrutados juntos y cuántos nos quedan por recorrer! Cada uno de nuestros encuentros son un aprendizaje para mí, en el escenario y fuera de él. Gracias por este maravilloso viaje compartido a través de la música, por tu energía e inspiración. A tu lado todo suena en ¡MODO MAYOR!

Por que sigamos compartiendo juntos y con tanta gente este gran regalo que es *Vivir con música*.

Daniel Abad Casanova

Este libro no ha sido escrito en solitario. Es el resultado de la colaboración de muchas personas y sus aplausos que, durante más de siete años, han asistido a nuestra conferencia *El mensaje de la música*, en diferentes lugares de toda nuestra geografía. Gracias a nuestro público, por estar ahí siempre y por llenar nuestra vida de música.

Gracias a todos los que habéis participado en el capítulo de «Variaciones»; vuestra aportación hace que esta partitura en forma de libro tenga sentido, sea mucho más creíble.

Y gracias a Martín Llade, melómano, maestro; tanto que aprender de ti. Gracias por tan elocuente «obertura».

Y... gracias por traernos cada día la música a la vida.

Gracias a nuestra editora, Marta Prieto Asirón, por comprender desde el primer segundo nuestro mensaje de la música y convertirlo en este libro, por hacerlo vivir con música. Nos conocemos hace muchos años. Hemos compartido muchos proyectos anteriormente, aunque para mí, sin duda, este es el más especial.

Gracias a Víctor Manuel San José, a Pedro Guerra, a Ovidio López y a Luis Fernández, porque su música me dio la nota «sí» cuando la necesitaba.

Gracias al equipo de *Think & Action* por estar siempre al otro lado de la cortina, en el *backstage*, haciendo que todo fluya de forma natural. Gracias por vuestra entrega, trabajo y esfuerzo.

Gracias Estela Sánchez, Anna Botella, Mario García, Daniel Tejeda y Leticia Polanco; sois las notas que forman mi pentagrama profesional y sonáis con cada tema musical que interpreto.

Gracias a mis dos hijas.

A mi morena Sara, pianista. Gracias por tu aportación relevante con las ilustraciones de este libro... tan tuyas.

A mi rubia Anna, chelista. Gracias por traerme ideas que me hacen bailar al son que mejor suena.

Gracias a las dos por hacernos sentir cada día en casa, en un momento de nuestra vida, la música como esencia de lo cotidiano.

Gracias a toda mi familia no humana: Zoe y Zoe; se parecen en tantas cosas siendo tan diferentes; a Mr. Boris zen, al escurridizo Kimi y a mi corazón Cuca.

Estéis aquí o allá, siempre estáis.

Gracias a Emma, por traernos a la familia una nueva música.

Gracias a mi basicoterapeuta personal, Marie. Gracias por ser en mi vida la música que mejor suena.

Gracias por acompañarme desde siempre, más de cuarenta y cinco años ya. Por hacer dúo conmigo en este largo recorrido, durante todo este tiempo. Y lo que nos queda..., muchas y nuevas músicas por sonar.

Y mis mejores aplausos, unas gracias muy especiales: a mi hermano menor, mi clave de sol, mis notas chinas, mi compañero en este viaje vital, musical y literario, mi «mi bemol», Daniel Abad Casanova, pianista y director de orquesta. Gracias por haber sido la otra mitad de este libro, dándote al completo, y por compartir tantos escenarios y risas. Gracias por querer sonar al unísono conmigo.

Tanto por hacer juntos. Esto no ha hecho más que empezar...

Gracias a tanta gente bella que, amorosamente, caminan junto a mí. Acompañado así todo es más fácil.

¡Gracias!

Fernando Botella

Ecosistema digital

Daniel Abad Casanova

Me puedes localizar en:
- Twitter: @abadcasanova
- YouTube: Daniel Abad Casanova
- LinkedIn: Daniel Abad Casanova
- Instagram: @danielabadcasanova
- Facebook: Daniel Abad Casanova
- Web: www.danielabadcasanova.com

Fernando Botella

Tienes contenido para ti en:
- www.thinkandaction.com
- www.fernandobotella.com

Y en YouTube, que me puedes encontrar en: Fernando Botella.

Y seguir en las redes sociales:
- Instagram y Twitter: @fb_think
- Facebook y LinkedIn: Fernando Botella

Además, puedes contactar conmigo escribiéndome a: fb@somos.fun

Tenemos muchas granas de conocerte. Y de aprender de ti. ¡Síguenos! ¡Contáctanos!

Y ya sabes...

Al mal tiempo,

buena música

DANIEL ABAD CASANOVA

Formado en Valencia, Londres y Weimar, ha dirigido reconocidas orquestas sinfónicas como la Orquesta y Coro de RTVE, la Orquesta de Valencia, la Orquesta Sinfónica de la Región de Murcia, la Orquesta de Extremadura, ADDA Sinfónica, la Orquesta Sinfónica de Castellón o la Orquesta Sinfónica Ópera 2001. Colabora habitualmente con prestigiosos artistas nacionales e internacionales y es uno de los directores más sobresalientes de la escena de la música clásica actual.

Es coautor del libro *El viaje del equilibrista*.

FERNANDO BOTELLA

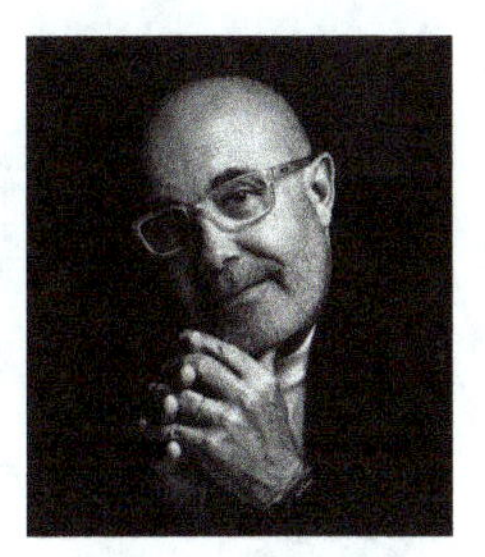

Doctor en biología, experto en formación y desarrollo de ejecutivos y directivos, conferenciante y profesor colaborador de la Universidad de Harvard, ESADE o la Universidad Central de Florida. Es CEO de *Think & Action*, empresa que se dedica la transformación de personas y organizaciones.

Ha escrito varios libros como *La fuerza de la ilusión, El factor H, Bienvenidos a la revolución 4.0, Cómo entrenar la mente* o *Salta contigo*.

9 788419 495679